Müssen wir jetzt immer machen, was wir wollen?

# Müssen wir jetzt immer machen, was wir wollen?

## Satirische Geschichten aus dem Rußland der Perestroika

Übersetzt und
herausgegeben von
Elisabeth Pohl

Scherz

1. Auflage 1989

Schutzumschlag unter Verwendung
einer Zeichnung von Klaus Puth.

*Inhalt*


Alexander Kostjuschkin: Eine schöne Idee 9

Boris Gurejew: Prinzipientreue 11

Michail Sadornow: Geschickte Hände 15

Lion Ismailow: Die Betriebsversammlung 20

Michail Mischin: Wie stolz das klingt! 24

Michail Schwanetzki: Wo wir nicht sind . . . 28

Herbert Kemoklidse: Säet, so werdet ihr ernten 32

Alexander Gofman: Lob der Schlange 36

Leonid Trejer: Papier und Alkohol 44

Lion Ismailow: Eine Joghurtgeschichte 47

Gennadi Litnewski: Der Faktor und die Fakten 51

Vitali Babenko: Die Reise nach Tschupkino 54

Nikolai Jelin/Wladimir Kaschajew: Die Provokation 63

Alexander Sukonzew: Ein Beitrag zur Wissenschaft 68

Eduard Medwedkin: Eine folgenreiche Wortmeldung 75

Felix Kriwin: Ersatz 81

Manui Semjonow: Plädoyer für den Bürokratismus 86

Wladislaw Jegorow: Perestroika in Obradowsk 92

Boris Bronschtejn: Mit dem Rücken zur Leinwand 103

Leonid Trejer: Das Rätsel des Diplomatenkoffers 107

Mark Wilenski: Ein Opfer der Mode 114

Grigori Gorin: Schluß mit den Märchen! 119

Nikolai Jelin/Wladimir Kaschajew: Der Stuhl 122

Sergej Abramow: Die Roten sind wir! 127

Nachwort 216

Quellennachweis 224

Ich weiß nicht recht, was ich davon halten soll.
Aber dennoch und trotz alledem . . . Was man gegen die Sache auch einwenden mag: Irgend etwas ist doch dran.

Nikolai Gogol, *Die Nase*

*Alexander Kostjuschkin*

# Eine schöne Idee

(Statt einer Vorbemerkung)

PERESTROIKA, die «Umgestaltung», ist eine schöne Idee und genießt ein ungeheures Ansehen. Alle Schichten unserer Bevölkerung sind von einem wahren PERESTROIKA-Rausch erfaßt. Die PERESTROIKA betrifft jeden, und jeder ist von ihr betroffen. Man weiß gar nicht so recht, was eigentlich dominiert – wir in der PERESTROIKA oder sie in uns. Selbst diejenigen, die sich überhaupt nicht um PERESTROIKA scheren, tun so, als ob sie mitmachten, nur um dem Zeitgeist zu entsprechen. Nicht ausgeschlossen, daß bald die Modedämchen der Stadt entzückt ausrufen: «Ach, meine Liebe, Ihr neues PERESTROIKA-Kleid ist einfach ein Traum! Fehlt nur noch ein bißchen echte PERESTROIKA-Symbolik am Kragen, und auch die Taschen müßten noch etwas umgestaltet werden. Dann ist Ihr PERESTROIKA-Look so perfekt wie meiner.» – «Nun mal sachte, meine Beste! So einen PERESTROIKA-Fummel wie Sie trägt man ja überhaupt nicht mehr.»

So weit kann es kommen, wenn wir das Wesen, den Geist und nicht zuletzt die Losungen der Umgestaltung verkennen. Zugegeben, PERESTROIKA ist ein sehr schwieriges Unterfangen. Aber wenn wir die PERESTROIKA noch um einen Zahn überdrehen, ist gewiß der Tag nicht fern, da auf den umgestalteten Plätzen unserer umgestalteten Städte umgestaltete Kolonnen der umgestalteten Vorhut der PERESTROIKA aufmarschieren, und dann ...

Ich wage zu hoffen, daß dann auch für mich eine Lücke in ihren Reihen zu finden sein wird – für einen der eifrigsten Propagandisten des mühevollen Umgestaltungsprozesses. Als Referenz wird mir meine eigene innere PERESTROIKA während der beschleunigten PERESTROIKAISIERUNG der PERESTROIKA dienen. Noch ist zwar mehr gedacht als getan worden, doch das bedeutet schon sehr viel, und der Siegeszug der PERESTROIKA ist zweifellos nicht aufzuhalten.

*Boris Gurejew*

# Prinzipientreue

Wie es bei Ihnen Brauch ist, wissen wir nicht, wir jedenfalls halten uns auf unseren Versammlungen streng an Prinzipien. Früher war es so: Wir kamen zusammen, hörten uns an, was die Obrigkeit zu sagen hatte, billigten es einstimmig – und dann ab nach Hause.

Jetzt ist das anders.

Neulich, zum Beispiel, ging es um die Arbeitsdisziplin. Das Präsidium verkündet:

«Kollegen, wir müssen die Arbeitsdisziplin festigen. Wie oft sollen wir eigentlich noch über das Zuspätkommen reden, verflixt noch mal! Es muß etwas geschehen, Kollegen!»

Da steht die Kaderleiterin auf und sagt:

«Ich bin der Meinung, daß wir bei zwei Verspätungen sogar eine fristlose Entlassung ins Auge fassen sollten – das wäre mein Vorschlag.» Das Präsidium sagt: «Ein Vorschlag wurde eingebracht: Bei zweimaligem Zuspätkommen fristlose Entlassung. Wer ist dafür?»

Natürlich erhebt sich wieder einmal Petrowitsch. Der hat sich schon früher, bevor die Glasnost herrschte, in alles eingemischt, und jetzt tut er das erst recht. Petrowitsch steht also auf und sagt:

«Einen Augenblick!»

Das Präsidium fragt ihn: «Was denn, wollen Sie einen anderen Vorschlag machen?»

«Nein», entgegnet Petrowitsch. «Ich will etwas klarstellen. Entschuldigen Sie die Frage, aber herrscht bei uns jetzt eigentlich Demokratie, oder haben wir noch die alten Zeiten?»

«Demokratie», antwortet das Präsidium prompt. «Ein für allemal.»

«Wenn das so ist», meint Petrowitsch, «dann schlage ich vor, daß wir über eine so ernste Angelegenheit streng geheim abstimmen, denn was wäre das sonst für eine Demokratie?»

«Gut», sagt das Präsidium, «machen wir's geheim.»

«Entschuldigen Sie mal!» Nikiforow mischt sich ein. Stets meldet er sich sofort nach Petrowitsch zu Wort, und stets ist er gegenteiliger Meinung. «Ich bitte darum, nicht das Prinzip der Offenheit zu vergessen. Haben wir nun Glasnost oder nicht?»

«Ja», bestätigt das Präsidium. «Bei uns herrscht Glasnost!»

«Na bitte», sagt Nikiforow. «Wenn wir Offenheit praktizieren, müssen wir auch offen, vor aller Augen, abstimmen. Hab ich recht?»

«Damit stehen zwei Vorschläge zur Debatte», fährt das Präsidium unverdrossen fort. «Entweder wir stimmen geheim über den Antrag der Kollegin Kaderleiterin ab oder offen. Wer für ersteres ist, der möge...»

«Einen Augenblick!» wirft Petrowitsch ein. «Ich möchte Sie an die demokratischen Prinzipien erinnern!»

«Wie denn, sind Sie gegen die Abstimmung über Ihren Vorschlag?» erkundigt sich das Präsidium freundlich.

«Nein, keineswegs», sagt Petrowitsch. «Stimmen wir ab, aber geheim!»

Das Präsidium ist sichtlich verwirrt. Man beginnt, beschwichtigend auf Petrowitsch einzureden: «Wir lassen ja über Ihren Vorschlag abstimmen. Die Mehrheit soll entscheiden, ob wir geheim über die Offenheit... also ob wir nun geheim abstimmen oder offen.»

«Das sag ich doch», versteift sich Petrowitsch. «Aber wir sollten *geheim* abstimmen, ob wir über den Antrag der Kaderleiterin *geheim* abstimmen sollen oder *offen*. Für mich ist das eine Prinzipiensache.»

«Für mich ebenfalls», mischt sich wieder Nikiforow ein. «Offen soll man's tun und nicht anders! Ich bestehe darauf!»

«Zwei Anträge liegen vor», sagt das Präsidium seufzend. «Erstens: *Geheime* Abstimmung über die Frage, ob wir über den Antrag ‹Entlassung bei zweimaligem Zuspätkommen› *geheim* abstimmen sollen oder *offen*. Zweitens: *Offene* Abstimmung darüber, ob wir bei der Abstimmung über die *geheime* Entlassung, das heißt über das *offene* Zuspätkommen...»

«Einen Augenblick!» sagt Petrowitsch.

«Ich bestehe darauf, daß...», ereifert sich Nikiforow.

Den Leuten wird klar, daß sie in eine Sackgasse geraten sind, und da sie Petrowitschs Prinzipientreue kennen, beginnen sie, begütigend auf Nikiforow einzureden: «Gib doch nach, laß uns in Gottes Namen geheim abstimmen, es sind doch sowieso alle auf deiner Seite. Hab dich doch nicht so, ja?»

Auch Nikiforow ist prinzipientreu. Ihn kleinzukriegen ist nicht einfach, aber immerhin möglich, wenn auch nicht sofort.

Um es kurz zu machen: Man hat ihn schließlich soweit. Widerstrebend erklärt er sich mit einer geheimen Abstimmung einverstanden, allerdings nur unter der Bedingung, daß die endgültige Abstimmung über die endgültige Entscheidung offen stattfindet – andernfalls verlasse er auf der Stelle die Versammlung.

Nun stellt sich die Frage einer Zählkommission. Zu einer geheimen Abstimmung gehört nun einmal eine solche, und die Leute, die ihr angehören sollen, müssen ebenfalls gewählt werden.

«Und zwar geheim», sagt Petrowitsch. «Unbedingt geheim!»

«Ich dagegen bestehe darauf, daß ...», beginnt Nikiforow.

So oder ähnlich verlaufen unsere prinzipiell sachlichen Debatten. Früher, Sie wissen ja, wären wir einstimmig für dieses oder jenes gewesen – und ab nach Hause. Was gibt's da auch viel zu reden, wie oft haben wir nun schon über dieses leidige Problem abgestimmt: Für dreimaliges Zuspätkommen dies, für zweimaliges Zuspätkommen jenes – wie auch immer, stets war unser Votum einstimmig, und damit basta.

Heute dagegen machen wir es dem Präsidium nicht mehr so einfach. Heutzutage gibt es echten Meinungsstreit über jede Frage. Schließlich und Gott sei Dank haben wir nicht mehr die alten Zeiten!

*Michail Sadornow*

# Geschickte Hände

Viele klagen darüber, daß unsere Waren nichts taugen. Das stimmt nicht ganz.

Zum Beispiel stellen wir die besten Holzfederhalter der Welt her. Ich meine die, die man beim Schreiben nach jedem Wort in die Tinte tauchen muß. Sie sind deshalb die besten, weil niemand in der Welt sie mehr herstellt. Zugegeben, selbst bei uns schreibt so gut wie keiner mehr mit ihnen, höchstens die Omas auf der Post, und auch die nur bis zum ersten Klecks. Trotzdem werden sie gekauft, denn es hat sich herausgestellt, daß man die Federhalter wunderbar als Dübel verwenden kann. Die Schrauben lassen sich bequem hineindrehen.

Von wegen unsere Waren taugen zu nichts! Und wie sie taugen! Man muß nur wissen, wofür.

Jeder bei uns weiß zum Beispiel, daß sich Plastik-Wurfscheiben gut als Radkappen für Autos eignen und gußeiserne Kerzenhalter als Waffe zur Selbstverteidigung. Unser Gesichtswässerchen «Nelke» macht Mükken lebensmüde. Und das Gebäck für vierzehn Kopeken, hergestellt aus den Naturprodukten Soda, Kalk und Sand... «Ein Gruß» nennt es sich bezeichnenderweise, denn wer es kauft, von dem kann man nur sagen: Dummheit läßt grüßen. Essen läßt sich das Zeug zwar nicht, aber man kann damit im Schaufenster der Konditorei hübsch die Worte auslegen: «Wegen Inventur geschlossen.» Oder nehmen wir unsere Büstenhalter, über die unsere Frauen klagen, man könne sie unmöglich tragen. Dafür kann man sie aufschneiden und aus ihnen modische Schulterpolster machen. Was die Übergrößen betrifft: Sie ergeben niedliche Sonnenhütchen für Kinder.

Nicht von ungefähr nennt man uns Alleskönner! In dem Sinne, daß wir die Fähigkeit haben, alles irgendwie umzuarbeiten: enger zu machen, zu weiten, zu verkleinern, zu vergrößern...

Die Verkäuferinnen bieten ihre Waren deswegen auf eine Art feil, als gehörten wir alle dem Heimwerkerzirkel «Geschickte Hände» an: «Hat man da Worte, so ein Faulpelz! Ein Sieb mit Löchern will er haben! Bohren Sie doch selbst welche. Davon fallen Ihnen die Hände nicht ab. Wenn Sie unbedingt was Durchlöchertes haben wollen, dann nehmen Sie doch unsere Thermosflaschen!»

Mit der Kunst des Umarbeitens ist es aber nicht genug: Wir haben gelernt, für sämtliche Waren, die es bei uns nicht gibt, einen Ersatz zu finden, mit anderen Worten: einen Ersatz für alles.

Fensterdichtungen stellt unsere Industrie nicht her – also werden sämtliche Schaumstoffmatratzen aufgekauft und in Streifen geschnitten. Federn für Kissen sind nirgends zu haben. Na und? Gibt es nicht Lumpen genug? Der Leim «Im Nu» ist alle? Kaut Sahnebonbons, damit läßt sich alles kleben! Einmal getrocknet, bekommt man die Sachen selbst mit dem Stemmeisen nicht mehr auseinander.

Der Sowjetmensch ist derart erfinderisch, daß er sich durch Lücken im Angebot kaum entmutigen läßt. So gibt es bei uns kein Mittel gegen Küchenschaben. Unsere Wissenschaftler zeigten sich ratlos, nicht so dagegen ein ganz gewöhnlicher und namenloser Alleskönner, dessen ganze Bildung aus drei Grundschulklassen und fünf Jahren Strafkolonie unter verschärften Haftbedingungen bestand. Flugs zerrieb er die Sohle des Winterstiefels Marke «Sturmvogel», vermengte das Pulver mit der bei uns produzierten Limonade zu einem Brei und stellte denselben in einem Teller über Nacht unters Waschbecken. Am Morgen darauf waren sämtliche Schaben zu den Nachbarn abgewandert!

Die Synthese von erworbener Findigkeit und angeborener Anspruchslosigkeit ist es, die uns unverwundbar macht.

Versuchen Sie nur, einen unserer Dienstreisenden damit zu ärgern, daß Sie ihm im Hotel das Bügeleisen verweigern. Gelassen wird er die Hose unter die Matratze legen und die ganze Nacht darauf schlafen, ohne sich zu bewegen.

Niemand in der Welt ist so clever wie wir. Wenn im phantasielosen Ausland etwas als Staubsauger deklariert wird, dann ist das auch ein Staubsauger, und wenn «Spaten» dransteht, dann ist das ein Spaten, und Kopfschmerzmittel beseitigen ausschließlich das Schädelbrummen. Ganz anders bei uns: Nach der Einnahme von Kopfschmerztabletten bekommt man unter Umständen die Krätze. Reibt man sich längere Zeit täglich unser Haarwuchsmittel ein, entwickeln sich die Muskeln, und die Haare fallen aus. Was unsere Vitamintabletten angeht, so gibt es weit und breit kein wirksameres Abführmittel.

Kein Wunder, daß sich außerhalb unserer Landesgrenzen nicht der üppige Gedankenflug entwickeln kann, der unseren Bürgern eigen ist. Nie wird man einen Amerikaner sehen, der seine Fenster mit Heftpflaster verklebt, nie einen Deutschen, der unter einem klapprigen «Mercedes» liegt, obwohl der gar keinen Motor mehr hat, nie eine Italienerin, die über dem Nagellack noch eine Leimschicht «BF-6» aufträgt, damit der Lack nicht sofort wieder abplatzt. Und keine Französin wird je auf den Gedanken kommen, ihre kaputten Strumpfhosen zum Laufmaschen-Aufnehmen zu bringen.

Andererseits – kennen Sie auch nur einen Ausländer, der, ganz auf sich allein gestellt, aus einer Glasmasse einen Schnapsdestillierapparat zu blasen weiß. Nein! Schnapsbrennen ist unsere Domäne! Wenn man sich überlegt, daß da einer so einen Apparat gar in Form einer Tür erfunden hat: Man drückt auf die Klinke, und ein Viertelliter Wodka strömt aus dem Schlüsselloch! Bei einem anderen ist das Gerät als Gaskocher getarnt, bei einem Dritten als Kühlschrank, und ein Vierter hat – kaum zu glauben – obendrein einen selbstgebastelten Zeugenbeseitigungsmechanismus angekoppelt.

In letzter Zeit mehren sich die Anzeichen dafür, daß das Ausland begreift, wie weit man dort in puncto Erfindungsgabe hinter uns zurück ist. Als erste haben die Japaner das zu nutzen verstanden. Aus Mangel an Nutzholz erwarben sie von uns einen beträchtlichen Posten Fernseher und stellten aus den Gehäusen kleine nostalgische Schuhregale her. Grönländische Terroristen kaufen neuerdings unsere Farbfernseher und machen sie ihren Feinden zum Geschenk, die nicht wissen können, daß diese Geräte beim Einschalten explodieren und dadurch Häuser jeder Größenordnung zum Einsturz bringen. Andere Terroristen bekunden gegenwärtig lebhaftes Interesse für unsere Schnellkochtöpfe, weil sie erfahren haben, daß diese beim Explodieren noch eine weitaus stärkere Druckwelle erzeugen und wesentlich mehr Dreck aufwirbeln als ein Fernseher. Wie es heißt, sind die Amerikaner derzeit ganz wild auf unsere Luftmatratzen. Sie werden in ihren Scherzartikelläden vertrieben. Sobald man auf den Matratzen über die Bojen für Nichtschwimmer hinausschwimmt, entweicht aus ihnen die Luft. Die Holländer wiederum interessieren sich sehr für unsere Obstkonserven, weil sie dringend nicht abwaschbare Farbe für ihre Gartenzäune benötigen, und der Stamm der Tarateken schloß kürzlich einen Lieferungsvertrag über einen großen Posten Herrenpyjamas mit der Aufschrift «254 Jahre Oblapotschinsk» für ihre rituellen Tänze und zur Abschreckung böser Geister in der Nacht.

Es ist geradezu eine Lästerung zu behaupten, unsere Waren taugten zu nichts. Nicht nur, daß sie auf dem Weltmarkt gefragt sind – o nein: Sie machen uns außerdem zu kreativen Menschen, die nirgends auf der Welt ihresgleichen haben.

Bei uns weiß jedes Kind, wie man eine durchgebrannte Sicherung mit einem Stück Draht flickt. Jede Oma weiß, wie man einen steckengebliebenen Fahrstuhl wieder in Gang bringt. Jeder Mann kann im Haushalt etwas mit einem Füllfederhalter anfangen, der nicht schreibt, mit einer Pipette, die nicht tropft, mit Rasierklingen, die einem die ganze Haut abziehen . . .

Und schließlich versteht jede Frau, deren Haarfön kaputt ist, den Kopf im Backrohr des Gasofens zu trocknen. Bei alledem lebt sie weiter, rotbäckig und zufrieden mit ihrem Dasein wie alle anderen auch. Komme, was da wolle!

*Lion Ismailow*

# Die Betriebsversammlung

«Kollegen, auf unserer Tagesordnung stehen heute drei Punkte: Erstens unsere Samstagsfahrt in die Pilze, zweitens die Verabschiedung unseres dienstältesten Wächters in den Ruhestand und drittens die Perestroika. Ich bitte um lebhafte Beteiligung an der Diskussion. Je schneller wir die Fragen abhandeln, desto eher können wir nach Hause gehen, Kollegen. Nun also: Fahren wir am Samstag in die Pilze?»

«Klar! Wir fahren!»

«Die erste Frage ist damit geklärt. Kommen wir zur zweiten. Ich schlage vor, daß jeder für den Kollegen, der in Rente geht, einen Rubel spendet. Seid ihr damit einverstanden?»

«Klar, sind wir!»

«Kollegen, kommen wir zu Punkt drei. Die Frage an euch lautet: Was geht gegenwärtig in unserem Land vor?»

«Tja . . ., also . . .»

«Ist denn was passiert?»

«Gibt's irgend was Neues?»

«Wie ist die Frage überhaupt gemeint?»

«Na, was haben wir zur Zeit in unserem Land? Was meinst du, Iwanow?»

«Sommer.»

«Klar, das weiß ich auch, Wenn ich frage, was wir zur Zeit in unserem Land haben, dann meine ich das . . . nun, mehr gesellschaftlich gesehen.»

«Etwa schon den Kommunismus?»

«Lassen wir doch mal den Kommunismus beiseite! Also: Was für ein fortschrittlicher Prozeß vollzieht sich zur Zeit in unserem Land? Sidorow, sag du mal was!»

«Bei uns ist der Fortschritt, das Progressive im Vormarsch. Das Alte, Überlebte muß weichen. Wir streben wie ein Mann den lichten Höhen des Sozialismus zu, und die Stunde ist nicht fern . . .»

«Genug geschwätzt! Die richtige Antwort heißt: Wir haben in unserem Land die Perestroika.»

«Die haben wir doch schon lange. Wir dachten, es wäre was Neues. Die Perestroika, natürlich!»

«Jawohl, die Perestroika. Also macht gefälligst ein bißchen aktiver mit. Heute kommt im Fernsehen die dreizehnte Folge von ‹Unzucht hinterm Hoftor›. Was hast du dazu zu sagen, Iwanow?»

«Na, was schon! Was sein muß, muß sein.»

«Ganz allgemein gesprochen. Und konkret? Sidorow, was meinst du, müssen wir tun?»

«Darüber nachdenken.»

«Und warum hast du nicht schon früher darüber nachgedacht?»

«Da sollte ich doch über die Pilze, über den dienstältesten Wächter und über die Unzucht hinterm Hoftor nachdenken.»

«Jetzt zu dir, Petrow. Was hältst du von der Perestroika?»

«Tja, im Prinzip bin ich nicht dagegen.»

«Prachtkerl. Das ganze Land ist dafür, und nun hat sich auch Petrow dazugesellt. Wie gefällt Ihnen das, Marja Stepanowna?»

«Mir stinkt dieser Petrow schon lange. Voriges Jahr hat er sich einen Zehnrubelschein von mir geborgt. Ich dachte, er will anbändeln, aber er hat mir das Geld einfach nicht zurückgegeben, das war alles.»

«Na schön, Kollegen, ich hab mich wohl nicht deutlich genug ausgedrückt. Legen wir uns doch mal die Frage vor, ob wir wie früher leben wollen – passiv, nur nicht auffallen –, oder ob wir nicht eine aktive Haltung zum Leben einnehmen, Einfallsreichtum und Initiative an den Tag legen sollten? Na, was seid ihr plötzlich alle so nachdenklich? Was guckst du so verdrießlich, Petrow? Willst du auf neue Art und Weise leben?»

«Wenn ich mehr Lohn bekomme, ja.»

«Besser arbeiten mußt du, dann wird auch dein Lohn erhöht. Und du, Iwanow, möchtest du auf neue Art und Weise leben?»

«Ach nee – Petrow bekommt mehr Lohn, und ich soll auf neue Art und Weise leben! Wovon denn?»

«Sag du uns, Sidorow: Ist wirklich das Geld ausschlaggebend?»

«Natürlich nicht. Wichtig ist, auf neue Weise zu leben.»

«Bravo, Sidorow! Und was ist dazu notwendig, um auf neue, bessere Weise zu leben? Na, was ist dazu erforderlich?»

«Daß unser Lohn erhöht wird.»

«Die alte Leier! Marja Stepanowna, sagen Sie mal was dazu! Oder wollen Sie etwa nicht besser leben?»

«Wer will das nicht. Aber selbst wenn – ich hab doch sowieso niemanden.»

«Na bitte. Alle wollen besser leben. Doch dafür müssen wir etwas tun. Was ist das, Perestroika? Wie nennt man das zum Beispiel, wenn alle mit Feuereifer, mit mehr Tempo rangehen, Iwanow?»

«Das nennt man Streß.»

«Quatsch, nicht Streß, sondern Tempobeschleunigung. Und wie nennt man das, wenn ich jemanden ohne Ansehen des Dienstgrades kritisiere, ihm ins Gesicht sage, was ich über ihn denke, Petrow?»

«Unverschämtheit – oder?»

«Nicht doch, Glasnost heißt das!»

«Und du, Iwanow, sag: Wie nennt man das, wenn jemand Vorschläge macht, etwas Neues ersinnt, wenn er sich ohne Aufforderung in etwas einmischt?»

«Unverfrorenheit.»

«Nein, falsch! Das ist schöpferische Initiative. Ich frage euch nun: Was könnt ihr im Sinne dieser drei neuen Begriffe tun? Was kannst du, Iwanow, beispielsweise dem Land geben?»

«Mein Blut kann ich dem Land geben.»

«Wer braucht denn schon dein Blut, du Saufkopf! Und du, Petrow?»

«Ich kann pünktlich zur Arbeit kommen.»

«Und du, Sidorow?»

«Ich kann zuerst Blut spenden und hinterher trotzdem pünktlich zur Arbeit kommen.»

«Und Sie, Marja Stepanowna? Wollen Sie etwa auch nur Blut spenden?»

«Nö. Ich kann auch noch andere Laborproben spenden!»

«Schluß jetzt, Kollegen, das reicht für heute. Und daß mir morgen alle rechtzeitig zur Arbeit kommen. Von neun bis elf werden wir dann wieder die Perestroika auf Hochtouren bringen.»

*Michail Mischin*

# Wie stolz das klingt!

«Ein Mensch – wie stolz das klingt!» schrieb einst Maxim Gorki. Wunderbare Worte ... Sie haben es uns von jeher angetan, weil wir sie – wer weiß, wieso – in erster Linie auf uns bezogen haben. Woraufhin wir sozusagen selber zu klingen begannen vor lauter Stolz.

Stolz waren wir natürlich vor allem darauf, daß wir das größte Territorium auf unserem Globus besitzen. Und die unwegsamste Taiga der Welt. Und die mächtigsten Bären. Und die tiefsten Kältegrade. Wir haben mit unserer Kälte so geprahlt, als hätten wir sie selber verursacht. Was sich dann auch bestätigte.

Dann waren wir stolz darauf, daß in keiner Metro der Welt so viel gelesen wird wie in unserer. Und daß wir pro Kopf der Bevölkerung die meisten Lehrer haben. Und die meisten Ärzte. Und mehr Ingenieure als irgendwo sonst auf der Welt. Und daß die Kinder nirgendwo in der Welt so umsorgt werden wie bei uns. Und daß die leistungsstärkste Frau der Welt die unsrige ist.

Wir haben uns mit unserem sagenhaft großen Territorium und dem längsten Dauerfrost so lange gebrüstet, bis wir allmählich Geschmack daran fanden und anfingen, auf alles und jedes stolz zu sein. Sogar auf das, was wir selber geschaffen hatten. Wir richteten eigens eine ständige Ausstellung unserer Errungenschaften ein. Das heißt, wenn man die Errungenschaften sehen wollte, mußte man in die Ausstellung gehen.

Wir hatten uns so daran gewöhnt, mit stolz erhobenem Kopf herumzulaufen, daß wir allmählich nicht mehr merkten, was sich zu unseren Füßen abspielte. Als wir dann eines schönen Tages von der Höhe unseres Stolzes herabstürzten, hinunter in unser vielgepriesenes Leseparadies «Metro», stellten wir höchst verwundert fest, daß dort nur der las, der es zuvor fertiggebracht hatte, die anderen Leser beiseite zu drängen.

Wir erkannten plötzlich, daß nicht unsere winterliche Taiga unwegsam ist, sondern jede beliebige unserer Straßen.

Wir begriffen, daß die meisten unserer Lehrer erst in das Fernsehstudio «Ostankino» geschickt werden müssen, damit sie dort erfahren, daß Lehrer sein etwas völlig anderes ist, als sie sich bis dahin vorgestellt hatten.

Und daß sich eine ahnungslose Gans, die bei einem Beckenbruch die Diagnose Bronchitis stellt, bei uns Ärztin nennen darf.

Und daß unsere Ingenieure ... Na ja, über die lohnt es sich nicht einmal zu spotten.

Wir konnten uns davon überzeugen, daß all unsere Sorge tatsächlich den Kindern gilt: Sie einzukleiden ist eine ständige Sorge, Schuhe für sie aufzutreiben eine weitere.

Da schleicht sich doch der Gedanke ein, daß wir vielleicht deshalb die leistungsstärkste Frau der Welt haben, weil ihr der leistungsschwächste Mann der Welt zugefallen ist ...

Allmählich wurde uns übrigens klar, daß es irgendwie riskant war, auf konkrete Dinge stolz zu sein, und das bewog uns, unserem Stolz pauschale Bedeutung zu verleihen. Von nun an waren wir sozusagen stolz an sich und besonders darauf, daß sich so schwer ausdrücken ließ, worauf wir stolz stind. Das erlaubte uns, mit Dingen zu prahlen, die einander ausschlossen. Zum Beispiel waren wir alle miteinander lange Zeit stolz auf die Tatsache, daß wir gegen den Wodka kämpfen, was uns jedoch nicht daran hinderte, mit dem Quantum zu prahlen, das jeder einzelne von uns vertrug.

Stolz zu sein war überhaupt ganz einfach – man brauchte bloß den Fernsehapparat einzuschalten. Sogleich ergoß sich Stolz über uns, Stolz für jeden Geschmack. Selbst die Unterhaltungsprogramme bildeten da keine Ausnahme. Haben wir etwa vergessen, wie stolz wir auf die Jungpionierin X. waren? Sie verzichtete auf den Preis in der Quizsendung und gab zu, daß man ihr die Antworten vorgesagt hatte! Das Land weinte geradezu vor Stolz auf seinen Nachwuchs. Die Kleine hätte ohne weiteres flunkern können – aber nein. Was für ein beispielhaftes Glasnost-Bewußtsein! Welch leuchtendes Vorbild für die anderen Pioniere! Ein Lagerverwalter vor dem Bildschirm war so gerührt, daß er am liebsten gleich losgelaufen wäre, um alles mögliche zuzugeben. Ein Glück, daß ihm seine Verwandten rechtzeitig die Fresse polierten und ihn fesselten.

Wir haben es sogar geschafft, im Schlaf noch stolz zu sein. Wie der Recke Ilja Muromez prahlten wir mit unserer Kraft, ohne hinterm Ofen vorzukriechen. Besagter Recke hat wirklich sagenhafte Taten vollbracht. Wir dagegen haben nur geträumt und geträumt, bis wir durch einen wilden Schrei hochgeschreckt wurden. Jemand brüllte, daß das, worauf wir hätten stolz sein können, futsch gegangen sei, während wir schliefen. Na, da sind wir aber losgestürzt, um den zu suchen, der die Karre wieder aus dem Dreck zieht. Wer zum Teufel ist so kühn?

Na, wer schon? Wir selber! Zuerst waren wir ob unserer eigenen Kühnheit ganz benommen und ein wenig scheu. Doch kaum faßten wir wieder Mut, da machten wir als erstes diese unsere neue Kühnheit zum Gegenstand unseres neuen Stolzes.

Oh, was sind wir doch kühn! Oh, wie stolz wir doch unsere Stimmen erheben! Wie auch anders: Ein Mensch – wie stolz das klingt ...

Wunderbare Worte. Nur, daß sie nicht helfen – weder uns noch unserem Klima, noch unserem – zugegeben – unermeßlich großen Territorium.

Die Zeit der stolzen Klänge – selbst wenn sie neu sind – ist vorbei. Das sollten wir begreifen, vielleicht schaffen wir es dann, uns vernünftige Klänge zu entlocken.

Doch es wird wohl wieder alles auf das gleiche hinauslaufen: auf Schall und Rauch.

*Michail Schwanetzki*

# Wo wir nicht sind . . .

Bei uns ist es überall dort schön, wo wir nicht sind. Bei uns, dort wo wir nicht sind, werden grandiose Taten vollbracht, leben erstaunliche Menschen. Bei uns, dort wo wir nicht sind, reifen nie gesehene Ernten heran, geht einer für den anderen in den Tod, sind die Frauen treu wie Gold. Was wir doch für ein gelungenes Festival auf die Beine gestellt haben, auf dem wir nicht waren, wie verlockend doch die Rezepte für die Gerichte klingen, die wir nicht einmal zu sehen kriegen, und welch hohe Präzision zeichnet die Maschinen aus, mit denen wir nicht arbeiten. Was wird nicht alles für unser Wohl getan – nur eben nicht dort, wo wir gerade sind. Entweder sind wir immer an der falschen Stelle, oder man vermutet uns woanders.

Da treten Leute auf und berichten, mit welchem Elan sie erneuern, umgestalten, in die Tat umsetzen, die Produktion erweitern – alles zum Wohl der Bevölkerung. Aber wo ist sie eigentlich, die Bevölkerung? Es kränkt einen doch über die Maßen, daß sich offenbar alles irgendwo ganz in unserer Nähe abspielt, vielleicht gar in der Stadt, in der wir leben . . . Man kann gar nicht mehr ruhig schlafen, ständig hat man das Bedürfnis, aufzuspringen und auf die Suche zu gehen, nach der Bevölkerung, der all das Gute zuteil wird.

Überall wird modernisiert. Neue Technologien werden eingeführt, Produktionsabläufe werden verändert, die Arbeit wird rationalisiert – was macht es da schon, daß vieles nicht funktioniert, wenn man auf den Knopf drückt! Allmählich begreift man: Wir dürfen die Arbeit komplexer Kollektive nicht an den Erzeugnissen messen, die sie zusammenschustern.

Irgendwo werden, sagen wir mal, Omnibusse montiert – mit dem Ergebnis, daß der Fahrer später im Frost steht und den Bus neu zusammenmontieren muß. Da wäre es doch viel praktischer gewesen, die Busteile lose im Sack zu verkaufen. Wer einen Wagen braucht, der möge ihn selbst zusammensetzen, schließlich geht es nicht um den Kunden, sondern um wesentlichere Dinge. Viel wichtiger ist nämlich, was sich innerhalb eines Betriebes, einer Institution, eines Kollektivs abspielt – sei es eine Autofabrik, ein Schiff oder ein Theater.

Lächerlich, ein Theaterstück vom Standpunkt des Publikums aus beurteilen zu wollen. Und wenn die Zuschauer vor lauter Gähnen die Kiefersperre kriegen – so etwas wichtig nehmen hieße, die Auffassung vertreten, daß das Theater für den Zuschauer da ist, die Eisenbahn für die Reisenden, eine Fabrik für den Käufer der Produkte. So ein riesiges Unternehmen für den Käufer? Nein! Es ist dazu da, damit alle beschäftigt sind. Das Schiff ist für die Mannschaft da, die Lok für den Lokführer, die Kantine für die Köche, die Literatur für die Schriftsteller ... Was sich *innerhalb* eines Betriebes abspielt, ist ausschlaggebend – von dem, was *außerhalb* geschieht, hat man doch nichts.

Der Prozeß ist wichtiger als das Resultat. Der Prozeß, das ist das Leben, das Ergebnis ist der Tod. Was würde denn passieren, wenn es nur noch nach dem Ergebnis ginge? Was würde denn mit den Menschen geschehen? Sie würden zu Konsumenten werden! Nein, dann sollen sie doch lieber Produzenten bleiben und wissen, was sie zu erwarten haben.

Wo kämen wir denn hin, wenn wir eine Fernsehanstalt nach ihren Sendungen beurteilen wollten oder Krankenhäuser nach geheilten Patienten? Was allein zählt, ist, daß wir hinsichtlich der Anzahl der Ärzte alle anderen Länder überflügelt haben.

Man kann die Beurteilung unserer Arbeit natürlich Außenstehenden überlassen. Aber woher wollen die wissen, was wir eingespart haben, was für Erfolge wir erzielt, nach welchem Prinzip wir Wohnungen zugeteilt haben? Was sagt denn ein Erzeugnis über das Leben eines Kollektivs aus? Das sind doch Details. Worüber sollen denn die neuesten Nachrichten, auf die unsere Bevölkerung so brennt, interessant informieren, wenn nicht darüber, welcher Hochofen, welcher Tagebau gerade in Betrieb genommen wird, der wievielte Generator ans Stromnetz angeschlossen wurde und anderes mehr.

Nur keine konkreten Einzelheiten! Das Unkonkrete, das ist das Leben! Die *Kampagne* zur Begrünung eines Territoriums ist wichtig, nicht die Begrünung selbst. Das konkrete Faktum, daß, sagen wir, ein Staubsauger nicht funktioniert, hat einen Informationswert von höchstens einem Bit. Berichten wir dagegen vom Geschehen im Kollektiv der besagten Fabrik, so ergibt das unzählige Bit. Einen ganzen Roman könnte man darüber schreiben.

Der Staubsauger – um bei unserem Beispiel zu bleiben – ist nur für einen da, das Werk, das ihn produziert, dagegen für Tausende. Deshalb wird alles übrige bedeutungslos, sobald die Werktätigen den Betrieb, das Institut, das Schiff betreten. Fünfhundert oder sechshundert Menschen sind vereint unter Begriffen wie «Kolbenringe», «Flexible Fertigungssysteme» oder «Heizungsradiatoren» tätig. Ein gewaltiges inneres Leben pulsiert in so einem Werk – wenn auch ohne sichtbares Resultat, so doch zur Freude der dort Beschäftigten. Eine Art Verstopfungszustand trotz stürmischer Tätigkeit des Organismus.

Das Auto setzen wir schon irgendwie selber zusammen, die Neubauwohnung bauen wir nach Feierabend zu Ende, das neue Kleid nähen wir zu Haus fertig. Die stolzen Ergebnisse unseres Bemühens führen wir dann in einer Fernsehsendung vor, die betitelt ist: «Der einzelne schafft, was alle zusammen nicht schaffen!»

*Herbert Kemoklidse*

# Säet, so werdet ihr ernten

Da steht es schwarz auf weiß: Die Kreisverwaltung erteilt unserer Kolchose den Auftrag, unverzüglich mit der Aussaat der frühen Rosinensorten zu beginnen und sie in kürzester Frist abzuschließen – mit größter Sorgfalt und den modernsten agrotechnischen Methoden.

Rasch trommele ich die Mitglieder der Kolchosleitung zusammen und verlese die Anweisung. «Eigenverantwortung hin, Eigenverantwortung her – Befehl ist Befehl», füge ich hinzu.

«Das Aussäen der Rosinen ist kein Problem», meint der Agronom, «nur . . . ob sie auch wachsen? Man kann's ja versuchen.»

«Was heißt hier, ‹ob sie auch wachsen›?» empört sich der Gewerkschaftsvorsitzende. «Wenn Iwan Iwanowitsch das angewiesen hat, müssen sie ja wohl wachsen. Schließlich kennt er die hiesigen Anbaubedingungen ausgezeichnet, er stammt von hier, und auf dem hohen Posten, den er heute bekleidet, hat er natürlich den größeren Überblick. Wir sehen nur unseren unmittelbaren Umkreis, er dagegen sieht von seiner Höhe sogar bis hinter den Horizont! Deshalb gibt es für uns nur eines: unverzüglich sämtliche Rosinenbestände zur Aussaat vorbereiten und eine entsprechende Zeitungsmeldung aufsetzen! Die gesamte Technik ist für den Einsatz bereitzustellen!»

«Unsere Leute säen dir im Handumdrehen aus, was du willst», beschwichtigt ihn der Oberingenieur. «Sie werden ja pro Hektar entlohnt.»

«Wenn wir schon Rosinen säen müssen, dann am besten solche ohne Kerne», rät uns der Tierzüchter. «Die Schweine fressen zwar alles, die Kühe aber sind wählerisch. Was für Rosinen haben wir eigentlich am Lager?»

«Das ist es ja – überhaupt keine!» sagt die Lagerverwalterin achselzuckend. «Unserem Bezirk sind schon lange keine mehr zugeteilt worden. Offenbar ...»

«Wenn wir keine zugeteilt bekommen hätten, wäre unserem verehrten Iwan Iwanowitsch doch nicht eingefallen, eine solche Anweisung zu geben!» unterbricht sie der Gewerkschaftsvorsitzende schroff. «Sie wissen anscheinend nicht, was Sie auf Lager haben. Die beste Voraussetzung für Diebstähle ... Also überprüfen Sie sofort den Bestand und die Lieferlisten!»

Nun ergreife ich das Wort. «Einen Augenblick, Genossen», sage ich, «wir müssen die Sache ja nicht übers Knie brechen. Da ist sicherlich jemandem ein Irrtum unterlaufen. Natürlich kennt Iwan Iwanowitsch unsere hiesigen Bedingungen ausgezeichnet, trotzdem sind in unseren Breiten noch nie Rosinen gediehen, ob mit Kernen oder ohne. Wir haben ja kaum einen richtigen Sommer. Ich fahre mal zur Kreisverwaltung und gehe der Sache auf den Grund.»

Ich komme zur Kreisverwaltung, und dort erklärt man mir: «Wenn Iwan Iwanowitsch von der Bezirksverwaltung das angeordnet hat, dann ist das sicherlich etwas Neuartiges und basiert auf der Perestroika. Außerdem ist es zweifellos im Sinne der Kampagne gegen den Alkoholismus. Kaufen Sie die notwendigen Rosinen also beim Großhandel, und machen Sie sich an die Aussaat!»

Ich tue so, als ob ich mich damit zufriedengebe, in Wirklichkeit aber sehe ich zu, daß ich den nächsten Zug noch bekomme. An der Endstation steige ich aus und lasse mich bei Iwan Iwanowitsch zu Hause anmelden. Er ist zwar bis über beide Ohren beschäftigt, aber als seinen Landsmann läßt er mich vor, und ich zeig ihm den Befehl der Kreisverwaltung. Er überfliegt den Schrieb und brüllt los:

«Was heißt hier Rosinen aussäen? Eine derart blödsinnige Anweisung habe ich nie erteilt! Ich kenne doch jeden Handbreit Boden bei euch und weiß, was dort gedeiht und was nicht. Wer diesen Unsinn verzapft hat, kann was erleben!»

Er drückt auf ein Knöpfchen, und der betreffende Mitarbeiter erscheint wie aus dem Boden gestampft.

«Wie darf ich das verstehen?» wettert Iwan Iwanowitsch und hält ihm das Papier unter die Nase.

«Da ist uns ein Irrtum unterlaufen», murmelt der Angestellte schuldbewußt. «Gemeint war ein gleichnamiger Ort in der südlichen Region. Dort war die Erweiterung der Anbaufläche für hochwertige Traubensorten geplant. Die Verwaltung hat das Schreiben versehentlich an den falschen Ort geleitet.»

«Sofort in Ordnung bringen und Meldung erstatten!» verlangt Iwan Iwanowitsch.

Als wir das Arbeitszimmer verlassen, nimmt mich der Verwaltungsangestellte beiseite und raunt mir zu: «Verstehen Sie doch, es ist viel zu spät, den Plan umzumodeln. Er ist längst nach oben weitergeleitet worden, und die Kennziffern sind festgelegt. Aber regen Sie sich nicht auf, fahren Sie ruhig nach Hause. Im Herbst schreiben Sie dann in Ihrem Rechenschaftsbericht, die Rosinenkultur sei infolge ungünstiger Witterungsbedingungen leider eingegangen. Wir korrigieren dann den Plan bei uns.»

Ich kehre also in meine Kolchose zurück. Wir säen und bauen an, was wir gewöhnlich säen und anbauen, und im Herbst erstatten wir unseren Bericht für die Kreisverwaltung: Alles sei mehr oder weniger gediehen, nur die Rosinen nicht. Nun ja, die Witterungsverhältnisse ...

Auf der Stelle werde ich in die Kreisverwaltung zitiert.

«Die ewige Ausrede mit der schlechten Witterung

zieht bei uns nicht mehr», sagt man mir. «Die Anbaubedingungen in unserer Region waren schon immer kompliziert, wir müssen auf jedes Wetter vorbereitet sein. Es ist Ihre Sache, wo Sie die Rosinen herbekommen – Hauptsache, der Staat bekommt die vorgeschriebene Erntemenge bis aufs letzte Gramm. Iwan Iwanowitschs Anweisung ist unbedingt zu erfüllen!»

Wir kaufen also beim Großhandel Rosinen auf und liefern sie nach Planvorgabe ab. In allen Zeitungen schreibt man daraufhin über uns. «Trotz der ungünstigen Witterungsbedingungen und ungenügender Erfahrungen im Anbau der für unsere Region neuartigen Kultur ist es erstmals gelungen...»

Sogar ein Glückwunschtelegramm erreicht uns, unterzeichnet von Iwan Iwanowitsch.

Nach der Versammlung, die wir aus diesem Anlaß einberufen, tritt die Verkäuferin unseres Dorfladens an mich heran und sagt: «Im Großhandelslager der Stadt ist eine Sendung Rachat-Lukum eingetroffen. Erste Frage: Sollen wir von dem Zeug was nehmen oder nicht? Zweite Frage: Wissen Sie vielleicht, was das ist?»

«Was das ist, weiß ich auch nicht», antworte ich, «aber nehmen Sie's auf alle Fälle, und zwar möglichst eine größere Menge. Vielleicht müssen wir's im Frühjahr aussäen.»

*Alexander Gofman*

# Lob der Schlange oder Über die sozialen Funktionen des geordneten Wartens

Schlangen vor Verkaufsstellen rufen in der Regel die Unzufriedenheit derer hervor, die darin stehen. In letzter Zeit ist diese Verärgerung auch auf die Seiten der Tagespresse übergeschwappt, was, wir mir scheint, nicht nur von der Oberflächlichkeit der Betrachtungsweise zeugt, sondern auch von Ignoranz, womit ich sagen will, daß man ganz und gar unwissenschaftlich an das Phänomen «Schlange» herangeht und außerstande ist, die positive Rolle zu begreifen, die das Schlangestehen im persönlichen und gesellschaftlichen Leben spielt.

Natürlich ist es manchmal alles andere als angenehm, Schlange zu stehen, doch auf sie zu schimpfen ist genauso unsinnig, wie die Sonne, die ihre wohltuenden Strahlen auf unsere Erde sendet, dafür zu verurteilen, daß es heiß ist. Ich persönlich bin jedenfalls aufs höchste verunsichert und argwöhnisch, wenn ich ausnahmsweise einmal völlig ungehindert an einen Ladentisch herantreten kann. Ich habe sofort das bedrückende Gefühl, daß etwas nicht stimmt, daß da etwas faul ist. Meine Erfahrung sagt mir, *daß das Nichtvorhandensein einer Schlange meistens das Nichtvorhandensein von Waren oder von Verkaufspersonal bedeutet.* Ich denke, daß diese messerscharfe Schlußfolgerung auch Ihrem Erfahrungsschatz entspricht.

Hinzu kommt, daß alle Waren, die man ohne Anstehen käuflich erwerben kann, bei mir heftiges Mißtrauen hervorrufen. Eine Schlange vor dem Laden garantiert nach meinem Dafürhalten die halbwegs annehmbare Qualität der Ware. Wenn beispielsweise ein und dieselbe Ware an zwei verschiedenen Stellen verkauft wird, einmal ohne und einmal mit Schlange, so wähle ich die letztgenannte Variante. Mehr noch, von zwei benachbarten Schlangen wähle ich immer die längere – in der kürzeren geht es zwar schneller, doch in der Regel muß ich mit minderwertigeren Produkten vorliebnehmen.

Um der oberflächlichen und unbegründeten Kritik am Schlangestehen entgegenzutreten, habe ich mich bemüht, seine tieferen Ursachen zu begreifen und zu analysieren. Indem ich die Schlange als soziale Institution betrachte und sie als Soziologe naturgemäß vom soziologischen Standpunkt aus untersuche, sehe ich sie in einem ganz anderen Licht, womit ich sagen will, daß ich das Schlangestehen nicht nur als etwas ganz Normales empfinde, sondern sogar als etwas Nützliches. Den Begriff «nützlich» möchte ich nicht allein auf das bezogen wissen, *wonach* wir anstehen, sondern auch auf den eigentlichen Prozeß des Anstehens selbst. Betrachten wir also die Schlange im Lichte der Soziologie.

Ich beginne mit der Definition: Eine Schlange ist eine qualitativ beliebig große Ansammlung von räumlich und zeitlich hintereinander angeordneten Menschen, welche die gemeinsame Hoffnung auf den Erwerb materieller oder geistiger Güter verbindet. *Die Schlange ist eine der Grundformen der Distribution.* Sie begleitet uns buchstäblich von der Geburt bis zum Tode. In Abwandlung des bekannten lateinischen Ausspruchs kann man sagen: *Das Leben vergeht, die Schlange aber währet ewiglich.*

Bevor wir uns der Analyse der sozialen Funktionen des zu untersuchenden Gegenstandes zuwenden, ist es notwendig, eine Klassifizierung der Schlangen vorzunehmen. Das ist von fundamentaler Bedeutung, weil es «die Schlange an sich» nicht gibt, sondern immer nur eine bestimmte Art oder Abart.

Schlangen unterteilen sich in erster Linie in «konkrete» und «abstrakte». In den erstgenannten sind die Körper der Individuen unmittelbar aufeinanderfolgend angeordnet, in den letzteren dagegen scheinbar zufällig im Raum verstreut – «scheinbar» insofern, als jedes Individuum genau weiß, wer vor ihm und wer nach ihm an der Reihe ist. «Abstrakte» Schlangen haben Vormerklisten, über deren Stand man sich von Zeit zu Zeit informieren muß, daher kann man sie auch als «Vormerk- oder Anmeldeschlangen» bezeichnen.

Eine der Gesetzmäßigkeiten des Funktionierens der Schlangen besteht darin, daß die *«abstrakte» Schlange länger existiert als die «konkrete».*

Zwischen beiden Arten können Konflikte ausbrechen, die durch unterschiedliche Interessen hervorgerufen werden. So kann sich zu der vieltausendköpfigen «Anmeldeschlange» für Kinderpelzmäntel am Tag des Wareneingangs eine neu entstandene «konkrete» Schlange gesellen, die bestrebt ist, erstere zu verdrängen. Zwischen ihnen entspinnt sich ein Kampf, in dem jede Seite die andere beschuldigt, illegal zu sein.

Klassifizieren wir die Schlange nach der Dauer ihrer Existenz, so erhalten wir eine bemerkenswerte Vielfalt von Arten, je nachdem, ob sie Minuten, Jahre oder gar Jahrzehnte bestehen.

Es ist angebracht, die Schlangen auch nach räumlichen Merkmalen zu unterscheiden. So gibt es zum Beispiel «Schlangen in Gebäuden» und «Schlangen auf der Straße».

Schlangen unterteilen sich weiterhin in solche, die nach etwas «im Prinzip Vorhandenem» anstehen, und solche, die nach etwas anstehen, was «im Prinzip» nicht vorhanden ist, aber bisweilen dennoch «geliefert» wird.

Moralisch betrachtet, teilen sich Schlangen in *zu befürwortende und in abzulehnende.* Zu ersteren gehören beispielsweise Schlangen nach Brot, Wurst oder Strumpfhosen, zu letzteren die nach Wein, Wodka und Bier sowie die zur Flaschenrückgabe.

Übrigens drängt sich noch eine weitere Einteilung der Schlangen auf: in solche, die etwas erwerben, und solche, die etwas loswerden wollen – etwa im Altkleiderhandel, in Kommissionsgeschäften und so fort. Der Vollständigkeit halber sei auch noch erwähnt, daß es Schlangen gibt, die einer bestimmten Ware gelten, und Schlangen mit beliebigem Objekt – nach der Devise: Wir nehmen, was wir kriegen.

Jede solide Schlange bringt nicht selten weitere hervor, so wie eine Katze Junge wirft. Bei ihrer Formierung wird man an die Pflanzenzucht erinnert, zum Beispiel wenn die Pfropfreiser auf Wildlinge verpflanzt werden, woraufhin sie schließlich einen einheitlichen Organismus bilden. Eine ähnliche «vegetative» Fortpflanzungsmethode von Schlangen erfreut sich bei der Bevölkerung und in verschiedenen Behörden großer Popularität. Von den solchermaßen aufgepfropften Schlangen gibt es nämlich wiederum zwei Unterarten, die Kategorie «außerhalb der Reihe» sowie die Exklusivgruppe «bevorzugte Kunden».

Alle diese Arten und Abarten bilden nichtsdestotrotz einen einheitlichen Komplex und unterliegen zugleich einer komplizierten Wechselwirkung.

Ferner unterscheidet man zwischen stillen (meditativen), lärmenden (expressiven) und aufgebrachten (affektiven) Schlangen sowie zwischen organisierten (manchmal mit Hilfe von Ordnungshütern) und unorganisierten.

Betrachten Sie das bisher Dargelegte bitte lediglich als einen Entwurf für das Herangehen an unser Problem oder genauer: als grobe Skizze für den eigentlichen Entwurf. *Das Problem der Klassifizierung der Schlangen insgesamt wartet noch auf seinen Linné.*

Die Frage der sozialen Funktionen der Schlangen ist

für Wissenschaft und Praxis von eminenter Bedeutung. Indem wir uns bewußtmachen, worin diese Funktionen bestehen, begreifen wir, warum und zu welchem Zweck Schlangen existieren und wie mit ihnen zu verfahren ist.

Wenden wir uns also der Analyse einiger Funktionen zu:

*1. Die Funktion des Zurückhaltens von Konsumgütern*

Dies ist eine Basisfunktion, sie paßt das Verhalten des Konsumenten der jeweiligen Warendecke sowie dem Dienstleistungsangebot an. Ein Beispiel: Sie wollen Käse kaufen, doch da Sie eine große Schlange nach Käse sehen, gehen Sie vorbei, was nicht selten für Sie und für die Gesellschaft von Nutzen ist. Indem der Käufer (das heißt, der Nichtkäufer) sich des Kaufes enthält, trägt er dazu bei, daß die Ware zugunsten anderer Leute im Angebot bleibt. Wären nicht die Schlangen, würden die Leute weit mehr verbrauchen und einem wahren Konsumrausch verfallen. Außerdem ist der Konsumverzicht (beispielsweise von besagtem Käse) aus medizinischer Sicht nützlich, denn der Mensch bringt von allein nicht genügend Willenskraft auf, sich zu enthalten. Die Schlange hilft ihm dabei.

Besonders wichtig ist die Funktion der Schlange für die Einschränkung des Verbrauchs von bekanntermaßen schädlichen Produkten, insbesondere Giften wie Wodka, Wein, Bier, Gesichtswasser, Wanzenmittel, Arsen und dergleichen mehr.

*2. Die Reklamefunktion*

Bekanntlich ist Reklame der Motor des Handels. Wer aber ist der beste Motor? Ich behaupte, die Schlange. Sie ist die effektivste und zugleich billigste Reklame. Es gibt kein wirksameres Mittel, für eine Ware zu werben, als eine Schlange von energischen, lärmenden Käufern zu organisieren. Im weiteren wird die Schlange sich selbst reproduzieren und sich nach ihren eigenen Gesetzen entwickeln.

Dem Laien mag es zwar so vorkommen, als ob die Reklamefunktion der Forderung nach eingeschränktem Konsum widerspricht. Eine solche Annahme ist jedoch irrig, weil total realitätsfern. Eine Schlange drosselt den Warenkonsum, schreckt indessen nicht ab, sondern wirkt geradezu verlockend. Eine Ware, nach der man anstehen muß, übt einen unaussprechlichen Reiz aus, und zwar sowohl auf die, die in der Schlange stehen, als auch auf die, die vorübergehen. Demzufolge kann man folgende Gesetzmäßigkeiten formulieren: *Je länger eine Schlange ist und je langsamer sie vorrückt, desto höher ist ihr gesellschaftlicher Wert.*

Die Richtigkeit dieses Gesetzes wird auch dadurch bestätigt, daß mit der Dauer des Anstehens die Gier nach der Ware wächst. Man kann daher durchaus ergänzen: *Je länger der Mensch in der Schlange steht, desto mehr wird er kaufen.* Wenn sich zum Beispiel jemand mit der Absicht in eine Schlange einreiht, ein halbes Kilo Würstchen zu kaufen, wird er nach einer Stunde ein ganzes Kilo kaufen wollen, nach zwei Stunden drei Kilo und so fort. Wer sich in die Warteliste für einen Fernsehapparat einer bestimmten Marke eintragen läßt und eine Anzahl von Wochen und Monaten gewartet hat, wird den unüberwindlichen Wunsch verspüren, zwei oder gar drei dieser Apparate zu erwerben.

### *3. Die disziplinierende Funktion*

Es gibt kein besseres Mittel, ein diszipliniertes Mitglied der Gesellschaft heranzuziehen, als den Menschen ausgiebig Schlange stehen zu lassen. Selbst der Widerborstigste, Reizbarste und Hektischste faßt sich nach mehrstündigem, quälendem Warten in Geduld, er erschlafft und resigniert. Nicht von ungefähr werden jene, die sich vorzudrängeln versuchen, als «gewieft» bezeichnet. Der unangenehme Charakterzug der Gewieftheit verliert sich in der Schlange später wie von selbst.

*4. Die kommunikative Funktion*

Wo kann man besser plaudern, Neuigkeiten und Klatsch austauschen als in einer Schlange? Zeit und Ort des Schlangestehens sind nicht nur für die Lektüre von unschätzbarem Wert, sondern auch für das Anknüpfen von Bekanntschaften und sogar für die Bildung von Interessengruppen. Die These des Moskauer Wissenschaftlers W. Julkin, die aus unerfindlichem Grund in der Satire-Zeitschrift «Krokodil» veröffentlicht wurde, trifft den Nagel auf den Kopf: «Eine Schlange ist eine Abart informeller Interessenvereinigungen.»

Die Schlange weckt und stimuliert unser soziales Zusammengehörigkeitsgefühl. In der Schlange entsteht ein Wir-Gefühl, das Front macht gegen das egoistische «Ich», das unserer Mentalität so fremd ist.

*5. Die Funktion der sozial-psychologischen Entspannung*

Die Unterschätzung dieser Funktion wäre ein gefährlicher Irrtum, dem leider bis zum heutigen Tag selbst ernst zu nehmende Wissenschaftler unterliegen. In einer Schlange vollzieht sich eine vom soziologischen und sozial-psychologischen Standpunkt aus äußerst nützliche emotionale Entspannung. Negative Emotionen entladen sich und verschaffen sich in den verschiedensten Formen Luft, abhängig natürlich von der jeweiligen sozialen Zusammensetzung der Schlange sowie von anderen Umständen. Hier einige typische Beispiele für diese Funktion: «Zum Kotzen, diese Touristen!» – «Sollen sich nach Hause scheren!» – «Wir füttern sie durch, diese Schmarotzer!»

Eine nicht geringe Bedeutung kommt auch den einzelnen Phasen im Lebenszyklus einer Schlange zu. Am angespanntesten geht es in der Anfangsphase zu, wenn sich die Schlange gerade formiert und jeder bemüht ist, sich eine günstige Ausgangsposition zu verschaffen, aber ebenso in der Schlußphase, wenn die Schlange sich aufzulösen droht, weil der Warenvorrat zur Neige geht.

Zum Abschluß dieser kurzen Analyse möchte ich der Hoffnung Ausdruck geben, daß die fundierte wissenschaftliche Erforschung der Schlange weiter betrieben werden möge, damit die oberflächlichen Vorurteile, die auf einer unbegründeten Verunglimpfung dieser wichtigen und notwendigen sozialen Erscheinung beruhen, ein für allemal verschwinden. Wenn die Schlange nicht wäre, würde sich ein erschreckendes Vakuum bilden, das sich mit antigesellschaftlichem Inhalt füllen könnte. Solange es die Schlange gibt, können wir ruhig sein und getrost in die Zukunft schauen, weil wir eines mit Sicherheit wissen: In der arbeitsfreien Zeit ist unsere Bevölkerung sinnvoll beschäftigt – nicht mit Domino spielen, nicht mit dem Konsum zersetzender Produkte der Massenkultur oder noch Schlimmerem, sondern mit einer gesellschaftlich nützlichen Sache.

*Leonid Trejer*

# Papier und Alkohol

Werte Redaktion!
Ich bin total gestreßt von dem vergeblichen Versuch, Ihre Zeitschrift zu abonnieren. Die Nacht vom 31. Juli zum 1. August habe ich in einer Schlange vor der Post verbracht, wo ich mich gemeinsam mit anderen Werktätigen aus allen Schichten der Bevölkerung an einem Feuer wärmte. Wie gern hätte ich alles in Kauf genommen, wenn ich mein Ziel erreicht hätte, doch statt mit dem begehrten Jahresabonnement Ihres progressiven Blattes kehrte ich mit einer Nummer der «Mursilka» zurück, einer Kinderzeitschrift.

Wir sind doch ein erstaunliches Land! Sobald sich eine Nachfrage zu regen beginnt, verschwindet das entsprechende Angebot. Ich habe das Gefühl, daß bei uns nach wie vor das Prinzip gilt: Erst wird ein Beschluß gefaßt, dann wird er in die Tat umgesetzt, und danach werden seine Auswirkungen überdacht. Diejenigen, die sich das Limit für Zeitungsabonnements ausgedacht haben, können sich gratulieren: Die Schlangen nach Presseerzeugnissen sind jetzt ebenso lang wie die nach Wodka. Bei Wodka kann man es immerhin verstehen, wir kämpfen ja gegen den Alkoholmißbrauch, aber wogegen kämpfen wir denn hier? Gegen unsere eigene Presse, die sich für Perestroika einsetzt? Auf eine so heimtückische Idee würde nicht einmal die CIA verfallen.

Daß es dies und das nicht gibt, bringt uns schon seit langem nicht mehr aus der Fassung, weiß doch jedes

Kind, daß man Dinge, die man braucht, nicht kaufen kann, sondern ergattern muß. Aber das hier ist doch etwas anderes. Das Volk ist dabei, sich nach und nach an die neue Offenheit zu gewöhnen. Sogar diejenigen, die bisher nie gelesen haben, greifen jetzt nach dem gedruckten Wort, erinnern sich wieder der Buchstaben. Und nun diese Kehrtwendung, frei nach der Devise: Lest nicht von der Glasnost, von der ihr lesen möchtet, sondern lest von der, die ihr vorgesetzt bekommt. Und wenn ihr nichts bekommt, könnt ihr euch ja im Fernsehen die Nachrichtensendung «Wremja»* ansehen, für die es vorerst noch kein Limit gibt. Das ist so, als ob in der Kantine Fischtag ist: Du möchtest Zander und bekommst Hering.

Neulich habe ich im Radio einen hochgestellten Postbeamten gehört. Wenn wir die Abonnements nicht begrenzen, hat er gesagt, werde das Ministerium mit der Mehrbelastung nicht mehr fertig, denn es gebe nicht genügend Zeitungsboten. Wenn man es so nimmt, müßten wir uns auch im Lebensmittelverbrauch einschränken und weniger essen, weil man im Landwirtschaftsministerium zu viel zu tun hat. Da möchte man doch fragen, wer für wen da ist: wir für das Ministerium oder umgekehrt?

Ich weiß nicht, wie es in Moskau ist, bei uns in der Provinz jedenfalls sieht es so aus: wenig Glasnost, um so mehr Gerüchte. Zum Beispiel haben wir hier um den Chefredakteur der Zeitschrift «Ogonjok», der zu unser aller Freude keine Tabus mehr zu kennen schien, sehr getrauert, weil er angeblich das Opfer von Perestroika-Gegnern wurde. Man erzählt sich, daß Zirkusleute Brillanten im Wert von hundert Millionen Rubel im Bauch eines dressierten Elefanten in den Westen geschmuggelt hätten. Na, und von der Panik um die Seife wissen Sie ja selber: In unserer Stadt jedenfalls hat sich jede Familie für drei Generationen im voraus mit Seife eingedeckt.

* «Die Zeit»

Mit Zeitschriften geht das leider nicht so. Darüber sind die Leute natürlich unzufrieden, sie schreiben Briefe, schicken Telegramme. Die Antwort von oben ist stets die gleiche: Nichts zu machen, unser Papier reicht nicht aus. Es kann ja auch nicht reichen, sind wir doch nach der Anzahl der Instruktionen und Rechenschaftsberichte pro Kopf der Bevölkerung führend in der Welt.

Dennoch gibt es eine Lösung, die ich mich beeile, Ihnen zu unterbreiten. Ich schlage vor, die Papierbeschaffung mit dem Verkauf von Spirituosen zu koppeln. Wer eine Flasche Alkohol kaufen will, muß zwanzig Kilo Altpapier abliefern. Da der Bedarf an Alkohol konstant ist, müßte auch Ihr Papierbedarf bald gedeckt sein. Alle Druckerzeugnisse, die in den Buchhandlungen als Ladenhüter verstauben, wären im Handumdrehen aufgekauft – nicht zuletzt zur Freude der unentwegt schreibenden Schriftsteller.

Zugegeben, mit sinkendem Absatz alkoholischer Getränke würde auch die Bereitstellung von Altpapier sinkende Tendenz zeigen, doch bis dahin wird es ja vielleicht gelungen sein, die Papierproduktion in den Griff zu kriegen.

Ich bitte, meinen Brief abzudrucken und der Öffentlichkeit zur Diskussion zu stellen. Auf ein Honorar verzichte ich. Dafür könnten Sie mir allerdings behilflich sein, ein Abonnement für Ihre Zeitschrift zu ergattern.
Hochachtungsvoll

Iwan Pankow, Kraftfahrer

*Lion Ismailow*

# Eine Joghurtgeschichte

Mit der Wodkabeschaffung ist es bei uns jetzt komplizierter geworden, wodurch sich natürlich auch das Bedürfnis nach Wodka verringert hat. Jedoch nicht bei allen, und deshalb stehen wir wie gehabt stur weiter Schlange. Gerade haben wir anderthalb Stunden Wartezeit in so 'ner Schlange hinter uns, und unsere Gesichter drücken nicht eben Frohsinn aus, da sagt Wassiljitsch:

«Leute, im Fernsehen hat neulich ein Wissenschaftler behauptet, daß Joghurt vier Prozent reinen Alkohol enthält.»

«Dein Wissenschaftler», sagt Britschkin, «hat wohl zuviel davon getrunken. Hab noch nie gehört, daß ein normaler Mensch von Joghurt besoffen geworden ist.»

«Es gibt Trinker», füge ich hinzu, «die haben einen solchen Riecher für Alkohol, daß sie diese vier Prozent sogar aus der Erde buddeln würden.»

«Der ‹BF›-Leim ist erwiesenermaßen ein Dreck, nicht wahr?» fährt Britschkin fort. «Wenn du aber einen Lappen nimmst, ihn um einen Bohreinsatz wickelst und damit in der Büchse herumrührst, dann den Bohrer wieder rausziehst und dir die Nase zuhältst, die Augen schließt und das Zeug schnell schluckst, macht dich das richtig high.»

«Hast du's probiert?» fragt Wassiljitsch.

«Ich nicht», gesteht Britschkin, «aber im Krankenhaus hat ein Mann mit einem Magendurchbruch gelegen, nur weil er das probiert hat.»

«Genau», sagt Wassiljitsch. «Man muß nur wissen, daß vier Prozent von einem halben Liter zwanzig Gramm entsprechen. Mit einem halben Liter saurer Milch nimmst du also zwanzig Gramm Alkohol zu dir. Davon kriegst du natürlich noch keinen Schwips, aber stell dir vor, du trinkst fünf Flaschen Joghurt. Das sind dann schon hundert Gramm reiner Alkohol. Zum einen hast du also einen sitzen, und zum anderen ist es für die Gesundheit nützlich, weil Joghurt – das hat dieser Mann erzählt – Mikroben enthält, die sich im Magen vermehren und dort ein gesundes Klima schaffen.»

«Und was kostet der Spaß?» will ich wissen.

«Fünf Flaschen kosten einen Rubel fünfzig. Wenn du das Pfand abziehst, trinkst du für fünfundsiebzig Kopeken hundert Gramm reinen Alkohol. Dazu kriegst du gratis die Mikroben.»

Lange und argwöhnisch sehen wir einander in die Augen, schließlich sagt Britschkin: «Nun, Wassiljitsch, wenn das alles stimmt, spendiere ich Dir zu Ehren Deines Wissenschaftlers eine Flasche – Joghurt, versteht sich.»

Wir kaufen in der Milchabteilung fünf Flaschen Joghurt, setzen uns auf eine Bank gegenüber der Schlange und beginnen zu trinken.

Nach der ersten Flasche ist nichts zu spüren.

Nach der zweiten schielen die Leute in der Schlange zu uns herüber. Sie sind beunruhigt. Juri, der Gehilfe aus der Weinabteilung, sagt: «He, ihr Joghurtbrüder, ihr tickt wohl nicht richtig!»

«Du hast ja keine Ahnung, Juri», belehrt ihn Britschkin, «weißt nicht, daß eine Flasche Joghurt zwanzig Gramm reinen Alkohol enthält. Das heißt, daß ich bereits vierzig Gramm intus habe und mir eben die nächsten zwanzig Gramm einverleibe.»

«Ihr solltet wenigstens etwas dazu essen«, frotzelt jemand aus der Menge.

«Nach der dritten Flasche ist man ohnehin satt», antwortet Wassiljitsch stolz.

Den Inhalt der vierten kriegen wir nur mit Mühe runter. Die fünfte können wir schon nicht mehr sehen, doch angesichts der gespannten Zuschauer würgen wir auch noch den letzten Rest in uns hinein. Wir rülpsen und tun, als ob wir uns pudelwohl fühlen. Jetzt müßte jeder seiner Wege gehen, aber das ist nicht so einfach, weil uns ein seltsames Schweregefühl überkommt.

Die Leute um uns herum fragen aufgeregt: «Na, wie fühlt ihr euch?»

«Wißt ihr», sagt Britschkin, «das steigt nicht nur in den Kopf, das rumort auch noch im Bauch... oje, und wie!» Er stimmt sein Lieblingslied an, «Auf fernem Bahnhof steig ich aus», und alle sind nun überzeugt, daß er angesäuselt ist.

Schwankend machen wir uns auf den Heimweg. «Seid mal ehrlich, wie ist es denn nun, Kumpels?» frage ich. «Wirkt's oder wirkt's nicht?»

«Weiß der Teufel», sagt Britschkin, «ich werd nicht schlau draus. Irgendwie ist es widerlich, wie Portwein oder weiß der Kuckuck. Morgen werden wir ja sehen. Wenn der Schädel nicht brummt, war es wirklich reiner Alkohol.»

«Wir müssen morgen zehn Flaschen nehmen», sagt Wassiljitsch, «damit wir's genau wissen.»

Als wir tags darauf nach Joghurt gehen, hat sich in der Milchabteilung schon eine gewaltige Menschenmenge angesammelt. Die Frauen glauben nicht richtig zu sehen: Sind die Kerle doch tatsächlich zu Joghurt übergewechselt!

Wir sitzen auf der Bank am Weingeschäft, lassen uns mit Joghurt vollaufen, führen ernste Gespräche über die Wissenschaft. Nur Juri, der Ladenschwengel, rauft sich die Haare. Für ihn springt dabei nichts raus. Die leeren Flaschen wirft keiner weg. Vom Pfandgeld kaufen wir morgen wieder Joghurt...

Einen Tag später tauschten wir unsere Erfahrungen aus. Die Reaktion war bei jedem anders. Einige litten unter Vergiftungserscheinungen. Der Organismus, gewöhnt an andere Getränke, war durcheinandergeraten und wehrte sich verzweifelt gegen den Joghurt. Mehrere hatten nachts heftigen Durchfall und jetzt noch tiefe Schatten unter den Augen; sie fühlten sich so hundeelend wie nach einer zünftigen Sauftour. Wieder andere benahmen sich wie immer, das heißt, sie hatten wie üblich eine Prügelei vom Zaun gebrochen und waren bei der Miliz gelandet. Schließlich gab es welche, die, wie ich, vollkommen in Ordnung waren. Nun gut, der Schädel brummte ein bißchen – wovon, ist mir schleierhaft. Vielleicht war es der Alkohol, vielleicht rumorten aber auch nur die Mikroben in uns ...

So verstreicht ein Monat. Wir trinken nichts als Joghurt, und die Zahl der Gleichgesinnten nimmt ständig zu. Eines Tages hält uns dann Juri schadenfroh ein Papier unter die Nase, auf dem geschrieben steht, daß Joghurt keine Spur von Alkohol enthalte, weder von reinem noch von unreinem. Daraufhin wollen uns ein paar Kerle verdreschen, aber das juckt uns nicht: Der Joghurt hat uns kräftig und gesund gemacht, niemand kann uns einholen, so gut sind wir in Form. Der eine oder andere hat sich inzwischen zwar wieder in die Schlange eingereiht, ist also in den alten Trott verfallen; viele aber, die, wie ich, einen Monat durchgehalten haben, sind dem Joghurt treu geblieben, da er ja zweifellos von nicht geringem Nutzen ist. Uns steht der Sinn nach nichts anderem mehr. Das heißt, entweder haben wir uns an den reinen Joghurt gewöhnt oder an den reinen Alkohol, der vielleicht doch drin ist.

*Gennadi Litnewski*

# Der Faktor und die Fakten

Heutzutage wird viel über den «menschlichen Faktor» geschrieben, also muß was dran sein, doch leider gibt es bei uns sture Zeitgenossen, denen man mit noch so vielen Fakten kommen kann. Sie begreifen einfach nicht, was mit dem «menschlichen Faktor» gemeint ist.

Gestern zum Beispiel sitze ich in meiner Annahmestelle für chemische Reinigung, lese ein Buch, und plötzlich – wie immer an der interessantesten Stelle – tritt ein Kunde ein. Er bringt einen Übergangsmantel. Ich sage natürlich gleich: «Schneiden Sie die Knöpfe ab!» Er darauf: «Alle?» Wie ein Kind! Ich antworte ihm mit dem mir eigenen Humor: «Nein, einen können Sie dranlassen, zur Vermehrung!»

Er nimmt eine Rasierklinge und trennt die Knöpfe ab.

Ich greife mir den Mantel, und was sehe ich? Er ist aus diesem ... wie heißt das doch gleich ... Kurz und gut, ich hab die Bezeichnung vergessen, jedenfalls darf das Zeug nicht chemisch gereinigt werden. Ich erkläre ihm das. Ein anderer wäre mir dafür dankbar gewesen, schließlich wäre das gute Stück bei falscher Behandlung draufgegangen. Der dagegen knirscht vor Wut mit den Zähnen.

«Warum mußten dann die Knöpfe ab?»

«Mal langsam», sage ich. «Hab ich sie etwa abgeschnitten?»

«Nein, ich – aber auf Ihre Anweisung!»

Wie ein Kranker! Ich zu ihm: «Wozu tragen Sie eigentlich einen Kopf auf den Schultern? Übrigens habe ich deutlich gesagt, Sie bräuchten nicht alle abzutrennen. Hab ich doch – oder?»

Nun, er hat sich sofort drangemacht, die Knöpfe wieder anzunähen. Wie schnell ihm das von der Hand ging! Keine Stunde hat er gebraucht. Ich denke so bei mir: Da stimmt doch was nicht. Wenn das wirklich der Stoff wäre, dessen Bezeichnung ich vergessen habe, hätte er das nicht so schnell geschafft, die Nadel geht da schwer durch.

«Halt, halt – jetzt sehe ich's genau, es ist doch nicht dieser bestimmte Stoff. Den hier kann man reinigen.»

Ein anderer an seiner Stelle hätte sich gefreut, daß er den Mantel nicht wieder nach Hause schleppen muß. Der aber dreht völlig durch. Was es doch für Menschen gibt! Er schmeißt mir den Mantel auf den Tisch, und ich sage ihm ganz ruhig: «Ihrer Frau zu Hause können Sie die Sachen so hinschmeißen, mir nicht! Und überhaupt, schneiden Sie erst mal die Knöpfe ab. Mit Knöpfen wird nichts angenommen. Das ist Vorschrift.»

Er trennt die Dinger wieder ab. Ich hefte die Marke an, fülle die Quittung aus, reiche sie ihm zum Unterschreiben und sage: «Ich muß Sie darauf aufmerksam machen, daß die Farbe stellenweise rausgehen kann.»

Er reißt die Augen auf. «Wie soll ich das verstehen: ‹stellenweise›?»

Ein Schwachsinniger! Ich erläutere ihm: «Stellenweise heißt stellenweise. Kann sein, daß ein Ärmel etwas heller wird oder daß sich der braune Fleck auf dem Rücken grünlich verfärbt. Oder daß der Mantel überhaupt ganz fleckig wird. Das kann man schwer voraussagen.»

Glauben Sie mir, der Mann beginnt regelrecht zu rasen und zu brüllen. «Das hätten Sie mir früher sagen sollen! Was haben Sie bloß für eine Arbeitsweise? Ist denn so was möglich!»

Er schlägt einen solchen Krach, daß unsere Vorgesetzte

angelaufen kommt. Die weiß aber, wie man mit solchen Leuten fertig wird. Sie sagt zu ihm: «Was wir für eine Arbeitsweise haben, das wissen unsere übergeordneten Genossen besser. Wie kommt es übrigens, daß Sie sich während der Arbeitszeit in chemischen Reinigungen rumtreiben können? Sie sind offensichtlich ein Trinker – da, wie Ihre Hände zittern!»

Er schnappt seinen Mantel und verschwindet. Nicht mal die Knöpfe hat er mitgenommen. Sehen Sie, so sieht's aus, und Sie reden vom «menschlichen Faktor»!

*Vitali Babenko*

# Die Reise nach Tschupkino

Liebe Redaktion!
Seit vielen Jahren schon bin ich ein treuer Abonnent Ihrer ausgezeichneten Zeitschrift «Semlja i schizn»*, weil ich denke, daß sie meinen Mitmenschen, insbesondere den jungen, von großem Nutzen ist. Bekanntlich stammt der Name unseres Planeten, «Semlja», von dem russischen Wort für «Grund», und das Wort «Planet» kommt von «Plan», das heißt, alles auf Erden hat planmäßig zu verlaufen – aber wie? Das ist ein Grund zum Nachdenken.

Gestatten Sie mir, Ihrem alten Leser, eine berechtigte Kritik: Einige Artikel und Notizen haben mich auf den Gedanken gebracht, daß es um Ihre eigene Planung schlecht bestellt ist. So finde ich zum Beispiel in der letzten Nummer Ihres werten Organs einen Artikel über die Kermadec-Inseln. Nun sagen Sie mir mal, was ich einfacher Mensch mit diesen Inseln anfangen soll? Mein Lebtag wohne ich in der Ortschaft Krutomyslowka, bin höchstens mal in die Bezirksstadt gefahren zu Besuch bei meiner Tochter, einer Lehrerin. Auf den Kermadec-Inseln war ich nie und hab mich auch nie dorthin gesehnt. Sie aber halten es für wert, ausführlich über die Kermadec-Inseln (schon dieser Name!) zu schreiben, über Krutomyslowka lassen Sie dagegen kein einziges Wort verlauten. Das ist ungerecht!

Oder: Ich erinnere mich, im Frühjahr haben Sie von so

* «Erde und Leben»

einer Ozonschicht über der Erde geschrieben, die uns vor allen möglichen widerlichen Strahlen schützt, und daß das Gas aus den Flaschen, das wir uns unter die Achseln sprühen, zu diesem Ozon aufsteigt und es zersetzt (so wie Azeton auf Kunststoff wirkt, denk ich mir). Aber Sie schreiben nichts darüber, wie sich das in Zukunft vermeiden läßt. Ich schlage vor: Solange es noch nicht zu spät ist, sollte man all diese Sprühflaschen zu einem Haufen zusammentragen, zum Beispiel auf den Kermadec-Inseln, und dort mit Dynamit in die Luft sprengen. Unter die Achseln kann man ja auch das Eau de Cologne «Trojnaja» spritzen.

Und in der vorletzten Nummer haben Sie davon berichtet, daß man in Japan Frösche verspeist, und Ihr Korrespondent hat sie sogar gekostet und schmackhaft gefunden. Pfui! Ich behaupte, ein normaler Mensch würde niemals Frösche essen, er würde vielmehr an die Japaner appellieren, damit aufzuhören, so was Unappetitliches zu verdrücken. Schließlich gibt es auf Erden schmackhaftes Essen genug – Fladen oder Borschtsch, oder zum Beispiel Piroggen mit gedörrtem Stör, wie sie meine hochbetagte Mamascha bäckt. Die Japaner haben offenbar nie etwas davon gehört. Ihr Korrespondent hätte sie darüber aufklären müssen, statt sich vor der ganzen Welt zu blamieren. Stellen Sie sich vor, was für ein schlechtes Beispiel er unserer jungen Generation gibt! Da liest nun so ein junger Mann oder, was noch schlimmer ist, ein junges Mädchen Ihr Journal, läuft zum nächsten Teich, greift sich einen Frosch, schluckt ihn wie ein Reiher, kriegt keine Luft mehr, und aus ist es mit dem jungen Leben. Die Angehörigen werden weinen und Ihre Zeitschrift verfluchen. Und zu Recht.

Im übrigen schreibe ich Ihnen nicht deshalb, weil ich Sie beschimpfen will – obwohl Sie das verdienen –, sondern weil ich einen eigenen Artikel für Ihre Zeitschrift verfaßt habe.

Ich bin natürlich nur ein kleiner Mann, doch ich reise auch ein wenig und möchte, daß Sie in Ihrer merkwürdigen Zeitschrift über meine Reise etwas abdrucken. Das wäre für die Jugend nur von Nutzen, und es wird sie abhalten, zu den Kermadec-Inseln zu pilgern oder irgendwas Ekelhaftes zu verschlingen.

Meine Reise führte mich aus unserem Dorf Krutomyslowka ins benachbarte Tschupkino (abgeleitet von «Tschupka» – die Alten sagen, daß das soviel bedeutet wie «guter Kerl»). Ich weiß, das ist keine große Reise, doch auch auf kurzen Strecken kann man manch Nützliches entdecken und der Jugend die Augen öffnen, die über ihre eigene Nase und ihre Jeans nicht hinaussieht. Übrigens, ich habe gehört, daß «Jeans» ein amerikanisches Wort ist. Was es bedeutet, weiß ich nicht. Sicherlich etwas Schamloses.

Nun zu meiner Geschichte. Ich habe sie so überschrieben: «Reise von Krutomyslowka nach Tschupkino mit dem Linienbus Nr. 35». Ich lege zwanzig Fotos bei. Ich selber kann nicht fotografieren, aber mein Freund Pjotr Krutomyslow (mehr als die Hälfte der Familien bei uns heißt so, nach dem Dorf) macht mit dem Apparat Marke «Smena» ganz vorzügliche Schnappschüsse und hat mir als guter Nachbar unter die Arme gegriffen. Beim Entwickeln hat er zwar Schwierigkeiten gehabt, weil hier draußen bei uns die Entwicklung immer etwas hinterherhinkt. Aber Sie können das ja in der Redaktion retuschieren; dafür sind Sie schließlich ein planetarisches Journal.

Und so lautet der literarische Text:

Das Wort «Autobus» stammt von dem russischen Wort «Awtol» ab, das heißt Schmiermittel, und das ist klar, denn: Wer gut schmiert, der gut fährt. Was «Bus» bedeutet, mag der Teufel wissen, keiner von uns konnte mir das sagen. Na schön, was soll's!

Unser Autobus Nr. 35 (Foto Nr. 1) verkehrt zweimal

täglich zwischen Krutomyslowka und Tschupkino, einmal früh und einmal abends. Das reicht auch, denn wer zum Markt oder dienstlich hin will, nimmt den Frühbus, und wer zu Besuch will, den am Abend – mehr kann man dort sowieso nicht anfangen.

Früher mal, vor langer Zeit, waren die beiden Dörfer verfeindet, und die Leute gingen mit Schlagkugeln aufeinander los. Jetzt gibt es das natürlich nicht mehr, wir sind ja alle Sowjetbürger. Trotzdem ist es besser, sich in Tschupkino nicht blicken zu lassen, wenn es nicht unbedingt nötig ist. Die Bewohner sind an sich liebenswerte Menschen, aber jeder zweite ist eigentlich gar kein richtiger Mensch. Sie wissen schon, man kennt ja dieses Kroppzeug: nicht Fisch, nicht Fleisch. Sehen Sie sich dieses Pack doch nur an (Foto Nr. 2).

Die Entfernung zwischen Krutomyslowka und Tschupkino ist nicht groß, an die zwanzig Kilometer, für die unser Autobus anderthalb Stunden benötigt. Das ist nicht verwunderlich: Die Natur ist so herrlich – Wälder, Felder, Sümpfe (Foto Nr. 3), daß der Fahrer absichtlich ganz langsam fährt, damit die Reisenden ausgiebig die Landschaft bewundern können.

Am 26. September bin ich um fünf Uhr morgens aufgestanden, habe Buchweizengrütze gefrühstückt (und zwar ohne Frösche drin – haha!) und bin dann auf unsere Hauptstraße getreten, die den stolzen Namen trägt: «Dreißigjährige Achthundertjahrfeier Moskaus». Der Autobus wartete schon am Haltepunkt (Foto Nr. 4) und puffte, zum Zeichen, daß Benzin im Tank war, dicken Rauch aus. Auch die Fahrgäste hatten sich schon eingefunden, nur der Fahrer war noch nicht da.

Bis es soweit war, beschloß ich, etwas Progressives zu tun und irgend jemanden zu interviewen (sicherlich kommt das von «interessant»).

«Sag mal, Brüderchen», sprach ich Fedot Krutomyslow III an (Foto Nr. 5), «in welcher Angelegenheit machst du dich heute nach Tschupkino auf? Was hast du Hinterwäldler dort zu suchen?»

Fedots Antwort zitiere ich hier nicht. Mit so einem zu reden sollte man sich eigentlich zu schade sein.

Da erschien der Fahrer, wissenschaftlich Chauffeur genannt (Foto Nr. 6). Er heißt Jefim. Angezogen ist er reisemäßig: Käppi, Lederjacke, Halbstiefel, Ledergamaschen, Einkaufsnetz. Nun mußten wir nur noch auf die Schaffnerein Nastasja warten.

Da kam sie auch schon – eine stämmige, imposante Person (Foto Nr. 7). Der Bus heulte auf und setzte sich in Bewegung.

Wenn man überlegt, wie sich die Geschwindigkeiten innerhalb nur eines Jahrhunderts verändert haben! Noch vor hundert Jahren hat ein Kutscher für die Strecke von Krutomyslowka nach Tschupkino einen ganzen Tag gebraucht – mal ist sein Fuhrwerk umgekippt und die Achse gebrochen, mal ist es in einem Schlagloch steckengeblieben, mal im Sumpf versackt. Heute dagegen kippt so ein Bus kaum noch um. Er hat nur öfter mal eine für die menschliche Gesundheit völlig unschädliche Panne – und wir können den Weg, trainiert, wie wir sind, zu Fuß fortsetzen (Foto Nr. 8). Das sollte sich unsere Jugend merken, damit sie weiß, was technischer Fortschritt ist!

Wir erreichen den Dorfrand. Rechterhand herrliche Kohlfelder, die bald von den werktätigen Händen der Städter abgeerntet werden; linkerhand Ödland, wo dereinst, wenn man dort Erz findet, ein großes Stahlkombinat entstehen wird (Foto Nr. 9). Hühner laufen herum, gescheucht von bellenden Dorfkötern. Jefim drückt auf die Hupe, der Schall breitet sich schön gleichmäßig in der Umgebung aus, was für die Qualität dieses Erzeugnisses spricht. Die Hunde jagen noch lange hinter dem Bus her und versuchen, in die Reifen zu beißen. Ihre Zähne finden aber in dem profillosen Gummi keinen Halt. Jefim ist mächtig stolz auf seinen Bus.

Vorn erhebt sich wie eine dunkle Wand der Wald. Von weitem sieht er bläulich aus, wenn man aber näherkommt, ist er auf einmal grün (Foto Nr. 10). Warum das so ist, weiß niemand. Mit diesem Rätsel sollten sich die Wissenschaftler befassen, dann kämen sie endlich mal einem Geheimnis der Natur auf die Spur, anstatt alle möglichen Neutronen zu spalten, oder wie das heißt.

Im Wald ist es dunkel und feucht. Mücken peinigen uns. Diese Biester auszurotten, das wäre ebenfalls eine wichtige volkswirtschaftliche Aufgabe, doch zuerst müßte man irgendwelche giftigen Strahlen erfinden! Man zielt damit auf die Mücken, und schon sind sie verreckt.

Wir machen die Fenster zu, und sofort wird's urgemütlich in unserem Bus. Nastasja rafft sich auf und beginnt, die Fahrkarten zu verkaufen (Foto Nr. 11). Wichtig ist, daß man genügend Kleingeld bei sich hat. Nastasja ist ein knausriges Weib, sie rückt ums Verrecken kein Wechselgeld raus. Besser, man legt sich gar nicht erst mit ihr an; sie wird nämlich mit jedem Mann fertig.

Plötzlich klappert was, kracht, scheppert übers Pflaster. Jefim stoppt.

«Was ist passiert, Jefim?» frage ich.

«Weiß der Kuckuck!» antwortet er. «Vielleicht ist die Kurbelwelle weggeflogen, vielleicht ist was mit dem Vergaser... Das kriegen wir schon hin!» Aus seinen Worten klingt die Zuversicht eines Menschen, der von der Sache was versteht.

Aussteigen! Was kann schöner sein als eine morgendliche Rast auf einer Waldwiese! Nur diese Mücken... Wir machen ein Feuerchen, setzen einen Kessel auf für den Tee, dieses urrussische Getränk, und kramen aus den Taschen alles mögliche Eßbare hervor (Foto Nr. 12). Bei uns nennt man das zweites Frühstück, im Englischen gebraucht man – sagt meine Tochter – das seltsame Wort «lunch». «Lu» bedeutet wahrscheinlich «zweites», und «nch» heißt dann soviel wie «Frühstück». Seltsame Menschen, diese Engländer.

Die liebe Sonne steht schon ziemlich hoch, nur sehen kann man sie nicht (Foto Nr. 13). Am Himmel ziehen Wolken auf, es beginnt zu regnen. Einen zünftigen Reisenden kann das nicht schrecken. Wir begeben uns in den Bus, führen miteinander «Interviews». Der eine oder andere schläft schon. Rundum ein einmaliges Panorama: Katarakte peitschen gegen die Scheiben, die Bäume biegen sich, auf der Straße breiten sich Seen aus (Foto Nr. 14). Elementargewalten! Längs des Straßenrandes bildet sich eine Art Moräne. Wenn man in den Brei reintritt, versinkt man bis zum Gürtel. Doch der Mensch ist stärker als die Natur, er wird mit ganz anderen Dingen fertig, zum Beispiel mit dem täglichen Leben.

Nach einer Stunde kriecht der durchnäßte Jefim unter dem Auto hervor.

«Na, war's die Kurbelwelle?» fragen wir neugierig.

«Nichts dergleichen!» antwortet Jefim wütend. «Wahrscheinlich hat sich der Benzinkanister gelöst, der an der hinteren Stoßstange hing, und hat beim Herunterfallen gescheppert. Schade, war ein schöner Kanister.» Jefim schnauft.

Was hin ist, ist hin! Wir tuckern weiter, kommen gut voran. Der Wald bleibt hinter uns zurück. Vor uns, so weit das Auge reicht, Sumpf (Foto Nr. 15).

Ein seltsames Wort, «boloto»*. Zwar ist es russisch, aber woher es kommt, ist mir unklar. Vielleicht von «bolschoi»**? Könnte sein, denn unsere Sümpfe sind groß und bringen auch großen Nutzen – zum Beispiel produzieren sie Moosbeeren. Auch Frösche gibt es in

* Sumpf

** groß

den Sümpfen, aber natürlich verspeisen wir die nicht wie die allesfressenden Japaner.

Selbst der größte Sumpf nimmt ein Ende, und wir können uns eine zweite Rast genehmigen. Die Bremsen quietschen. Jefim ist todmüde und versinkt, den Kopf auf dem Lenkrad, in tiefen Schlaf. Nastasja zählt ihr Geld.

«Zu wenig.» Betrübt schüttelt sie den Kopf.

«Wozu brauchst du Geld, Nastasja? Liegt im Geld etwa das Glück?»

«Natürlich nicht im Geld selbst», antwortet sie gescheit. «Aber in dem, daß man es hat!» Sie gibt mir einen freundschaftlichen Schlag auf die Schulter.

Ich mache mir so meine Gedanken über die schlichte Weisheit und die zupackende Art unserer Krutomyslowkaer Weiber und reibe die Schulter: Wahrscheinlich wird es einen blauen Fleck geben (Foto Nr. 16).

Nach ausgiebigem, erquickendem Schlaf erhebt Jefim seinen struppigen Kopf (das Käppi hat er unterm Auto verloren) und läßt den Motor an (Foto Nr. 17). Nur noch fünf Kilometer, und vor uns breitet sich Tschupkino aus.

Linkerhand wunderschöne Mohrrübenfelder, rechterhand Unterholz: Irgendwann einmal, wenn die Tschupkiner Erdöl finden, werden hier Bohrtürme aufragen (Foto Nr. 18).

Unsere Reise neigt sich dem Ende zu. Sie war kurzweilig und fortbildend. Wenn der Tag verstrichen ist, wird Jefim hoffentlich wieder mit dem Autobus zur Stelle sein, und dann heißt es Lebewohl, Tschupkino! Dann begeben wir uns wieder zurück zu unserem Ursprung: nach Krutomyslowka (Foto Nr. 19).

Leb auch du wohl, Leser. Bis zum nächsten Mal!»

Das wär's, sehr verehrte Redaktion! Ich erwarte, daß Sie meinen Artikel veröffentlichen. Wenn etwas nicht nach Vorschrift ist, können Sie die Sache umarbeiten, dafür haben Sie ja studiert. Wenn Sie aber ablehnen, sind Sie selber schuld: Dann bekommen Sie nie wieder eine Zeile von mir!

Ich verbleibe bei meiner persönlichen Meinung und bin mit freundlichen Grüßen

Miron Krutomyslow (Foto Nr. 20)

*Nikolai Jelin / Wladimir Kaschajew*

# Die Provokation

O'Casion, Reporter des Senders «Stimme des Westens», ging nervös in seinem Bublinsker Hotelzimmer auf und ab, wohin ihn sein Journalistenlos verschlagen, genauer gesagt, der Chef der russischen Redaktion, Mister Sljuni, befohlen hatte. Er sollte unter der Bublinsker Bevölkerung einen Ausbruch der Empörung oder wenigstens eine Unwillensbekundung mittlerer Stärke provozieren und darüber eine halbstündige Reportage verfassen. Mister Sljuni verfügte über Informationen, daß Bublinsk mit Unterwäsche, Buchweizen und Büchern des Abenteuerschriftstellers Julian Semjonow schlecht versorgt und insofern der Boden für Unruhen hinlänglich bereitet sei.

Ungeachtet dessen saß O'Casion nun schon den achten Tag in Bublinsk, und das Volk verhielt sich noch immer ruhig. Offenbar bedurfte es eines Impulses, eines Anstoßes, und O'Casion überlegte fieberhaft, was man anstellen könne, damit die unzufriedenen Massen sich auf die Straße ergössen und Stoff für die gewünschte sensationelle Reportage lieferten.

O'Casion ging derart energisch auf und ab, daß er dabei anderthalb Paar Pantoffeln der ortsansässigen Schuhfabrik durchlief, doch der Aufwand schien sich letztendlich zu lohnen. Abends um die siebente Stunde kam ihm die ersehnte Erleuchtung. Er schnappte seine voluminöse Reisetasche, schüttete den Inhalt auf den Fußboden, hängte sich die leere Tasche um und eilte in den Laden «Du und dein Garten». Betont unauffällig verließ er wenig später das Geschäft wieder und begab sich zurück ins Hotel. Nur ein geübtes Auge hätte an den Konturen der Reisetasche erkennen können, daß sich in ihrem Inneren ein Spaten von nicht geringer Größe befand.

Um ein Uhr nachts stahl sich O'Casion zur Hauptstraße im Zentrum der Stadt, holte den Spaten aus der Tasche und machte sich daran, quer über die Hauptstraße einen Graben zu ziehen. Seine Überlegung war einfach. Am Morgen würde sich an dem Graben, auf den keiner gefaßt war, ein Verkehrsstau bilden. Die zur Arbeit eilenden Bublinsker würden sich entrüsten, und wenn er Glück hatte, stürzten vielleicht ein oder zwei unvorsichtige Bürger in den Graben. Die städtischen Behörden würden für den skandalösen Vorfall keine zufriedenstellende Erklärung abgeben können, und das wäre dann der Tropfen, der das Faß des Volkszorns zum Überlaufen bringen würde. Die aufgebrachten Menschen würden den zum Stillstand gekommenen Autos und Bussen entsteigen und in Richtung Stadtsowjet ziehen. Dann war O'Casions Stunde gekommen: Mit dieser Reportage würde er sämtlichen Konkurrenten eine Nase drehen!

Von solcher Art ehrgeiziger Träume angestachelt, wühlte er sich ins lehmige Erdreich hinein wie ein Bagger. Als der Morgen graute, durchschnitt wahrhaftig ein gefährlicher, ungleichmäßig tiefer Graben die wichtigste Durchgangsstraße von Bublinsk. Der Reporter ergötzte sich an seinem Werk, verbarg den Spaten in einem Gebüsch, wählte sich eine günstige Position und harrte der unausweichlichen Volkserhebung.

Schließlich näherte sich das erste Auto dem Graben. Der Fahrer bremste, streckte den Kopf aus dem Wagenfenster, zuckte die Schultern, sagte aber nichts, sondern wendete und fuhr wieder zurück. O'Casion zog gekränkt einen Flunsch, enthielt sich aber jedes Protestes, da sich gerade drei, vier weitere Autos dem Graben näherten. Die Fahrer wendeten ebenfalls, und zwar ziemlich rasant, was den Journalisten besonders ärgerte, ja, sie hatten nicht einmal laut geflucht. Die Passanten indes klammerten sich mit den Händen an die Mauervorsprünge einer Hauswand und überwanden den Graben über eine von O'Casion versehentlich zurückgelassene Aufschüttung am linken Rand des Grabens.

Mittlerweile tauchte auch schon ein besorgter Milizionär auf. Der Reporter erbebte im Vorgeschmack des großen Skandals. Der Vertreter der Macht schob die Mütze nach hinten und blickte eine Weile finster auf den Graben, schüttelte dann den Kopf und verschwand wieder. Zehn Minuten später erschien er abermals und zog zwei kleine Barrieren mit der Aufschrift «Vorsicht, Straßenarbeiten!» hinter sich her.

Der Reporter saß geduldig noch etwa eine Stunde ab, und nachdem er sich davon überzeugt hatte, daß seine sorgfältig durchdachte Aktion weder zu Demonstrationen noch zu Diskussionen geführt hatte, schlich er sich ins Hotel zurück. Sein auf Provokationen getrimmter Kopf gab jedoch nicht auf, sondern arbeitete weiter auf vollen Touren.

Bald stand für ihn fest, welch raffinierte Operation er in der folgenden Nacht ausführen wollte. Er würde die moralischen Grundfesten der Bublinsker mit einem in höchstem Maße frechen Vergehen erschüttern: Er hatte vor, sich zum Marktplatz zu schleichen und an der monumentalen Ehrentafel die Porträts der Aktivisten auf den Kopf zu stellen. Das würde einen Aufschrei im ganzen Bezirk geben!

Nach vollbrachter Tat fing O'Casion sich einen Straßenköter ein, legte ihm ein Halsband um und spazierte, kaum daß der Morgen graute, vor der von ihm geschändeten Ehrentafel mit unbeteiligter Miene auf und ab. Erst ging eine junge Frau mit einem Einkaufsnetz unbekümmert vorbei, dann zwei Männer, schließlich schwoll der Passantenstrom an. Keiner beachtete die kopfstehenden

Porträts. Da hielt es O'Casion nicht länger aus. Er trat an einen solide wirkenden Herrn mit Hut heran und äußerte, auf die Ehrentafel weisend: «Eine Ungeheuerlichkeit! Man verhöhnt unsere Vorbilder. Wo haben die leitenden Genossen bloß ihre Augen!»

Der Mann ging weiter, wandte sich dann zerstreut nach ihm um. «Nein, Sie entschuldigen, ich rauche nicht.»

O'Casion verschluckte sich vor Überraschung, ließ noch zwei Passanten an sich vorübergehen und wandte sich an den dritten: «Empörend, nicht wahr? Sehen Sie nur, was man mit den Besten von uns angestellt hat!»

Der Passant sah flüchtig zur Ehrentafel hin.

«Die hat man halt verkehrt herum aufgehängt», meinte er, ohne stehenzubleiben. «Kann in der Eile schon mal passieren.»

«Aber das ist doch einfach ...», ereiferte sich O'Casion, doch der Passant war bereits um die Ecke verschwunden.

«Nein, das lasse ich nicht auf sich beruhen.» Er ballte die Fäuste und steuerte entschlossen auf eine untersetzte Frau mit Brille zu.

«Bürgerin, sehen Sie sich an, was sich da vor unseren Augen tut!»

«Bedaure, ich bin von auswärts», antwortete die Frau trocken und strebte, ohne auch nur den Kopf zu wenden, der Bushaltestelle zu.

«Sie da!» Der Journalist stürzte verzweifelt auf ein Pärchen zu, das über den Platz bummelte. «Bleiben Sie doch mal stehen, und sehen Sie sich diese Schande an!»

Der junge Mann blickte ihn erstaunt an und zog seine Freundin weiter, doch die blieb neben O'Casion und seinem Hund stehen. Mitfühlend sagte sie: «Nehmen Sie es nicht so tragisch, Bürger. Zwar kein Rassehund, aber eine herzige Promenadenmischung.»

Der Reporter ließ den Hund von der Leine und stürzte von dannen.

Zwei Tage lang brachte er keinen Bissen herunter und

konnte auch nicht schlafen. Er zerbrach sich unentwegt den Kopf darüber, warum seine grandiosen Pläne gescheitert waren. In der dritten Nacht endlich, als er vor lauter Grübeln schon völlig am Ende war, reifte in ihm der Plan für eine ungeheuerliche Tat. Zu einer wenig belebten Tagesstunde erschien er vor dem Stadtsowjet und vernagelte den Eingang grob über Kreuz mit Brettern. Anschließend bestieg er einen Zug und verließ die Stadt.

Sollen sie mich ruhig verhaften, dachte er schadenfroh. Sollen sie mich doch einsperren. Meine Aktion wird dafür einen solchen Skandal heraufbeschwören, daß die ganze Welt davon erfährt. Im Gefängnis schreibe ich die ganze Story auf und heimse ein dickes Honorar ein. Davon kaufe ich mir dann eine Jacht und eine Villa in Monte Carlo. Vorher will ich mich nur noch mit dem Verlag in Verbindung setzen und einen Vertrag abschließen, ehe ich geschnappt werde.

Eine ganze Woche lang verhandelte er telefonisch mit dem Verlag, und diese ganze Zeit über kam seltsamerweise niemand, um ihn zu verhaften. Da hielt es O'Casion nicht länger in seiner Wohnung, und genauso, wie es den Täter an den Ort seines Verbrechens zurückzieht, reiste er noch einmal nach Bublinsk. Er gab sein Gepäck am Bahnhof in die Aufbewahrung, eilte zum Stadtsowjet und erstarrte zur Salzsäule. Der ehrwürdige Eingang mit der ehrwürdigen Aufschrift «Stadtsowjet» war nach wie vor mit Brettern vernagelt, und die zahlreichen Angestellten und Besucher zwängten sich durch einen Hintereingang mit einer nur halb in den Angeln hängenden Tür, wobei sie sich an der weißgetünchten Wand die Ärmel beschmierten.

O'Casion erblaßte, schluckte einen Kloß, der sich in der Kehle gebildet hatte, hinunter und entfernte sich mit dem festen Entschluß, beim Chef der Radiostation seine Versetzung nach Afrika, in ein Entwicklungsland, zu beantragen.

*Alexander Sukonzew*

# Ein Beitrag zur Wissenschaft

Ich kann es nicht ausstehen, wenn fremde Leute mich Oma nennen. Sie müssen nicht denken, daß das Eitelkeit ist, keineswegs, aber es ist doch wirklich ärgerlich, wenn man in einem öffentlichen Verkehrsmittel fährt, friedlich mit seinen drei Taschen dasteht, niemanden behelligt, und da sitzt ein Muskelprotz hingefläzt am Fenster, ein Bein übers andere geschlagen, und sagt zu dir:

«Oma, kannste mal für mich zum Fahrkartenknipser vorlaufen?»

Ist der etwa mein Enkel? Ich habe zwar welche, richtige, für die bin ich wirklich die Oma, für alle anderen aber bin ich einfach eine Bürgerin, eine Frau im fortgeschrittenen Alter.

Aber wenn ich auch nicht mehr die Jüngste bin, so habe ich doch nicht die Absicht, in meinen vier Wänden zu versauern. Ich interessiere mich zum Beispiel sehr für die Errungenschaften der Wissenschaft: Kybernetische Maschinen der dritten Generation, außerirdische Zivilisationen, die Nowgoroder Urkunden auf Birkenrinde, das Bermuda-Dreieck – für all das habe ich eine Schwäche.

Unlängst bin ich zu einem Symposion gegangen. Ich habe mir sogar das Thema aufgeschrieben, damit ich es nicht vergesse: «Fragen der Adaption des menschlichen Organismus in verschiedenen Natur- und Klimazonen. Überlebenschancen des Menschen unter extremen Bedingungen.» Die Leute drängten sich in den Gängen, so groß war der Zuspruch.

Der erste Redner war ein bärtiger Mann in einer Pelzweste und in hohen Pelzstiefeln, wahrscheinlich hatte er sich der Anschaulichkeit halber so herausgeputzt. Er war mit seinen Freunden auf Hundeschlitten über das Eismeer gefahren, von einem Ende zum anderen. Eine Hundekälte herrschte, wie Sie sich vorstellen können, ringsum nichts als Packeis, dazu noch Schneestürme, und entsprechend die Verpflegung: Die gefrorenen Konserven mußten zerhackt werden. Kurz gesagt, die da in den Pelzstiefeln und den Pelzwesten haben schon was durchgemacht, mein lieber Mann! Doch sie haben's überlebt und sind dort, wo sie hinwollten, auch angelangt. Haben sich selbstverständlich auch was abgefroren, ohne dem geht's halt nicht. Danach durften sie sich dann in Sotschi oder Jalta schön aufwärmen ...

Der Bärtige lächelte sogar bei seinem Vortrag, wahrscheinlich um zu zeigen, daß er jederzeit zu neuen Abenteuern bereit ist, wenn die Wissenschaft ihn ruft.

Nach ihm trat so'n Spindeldürrer mit Brille vor. Der hatte mutterseelenallein drei Monate unter der Erde gehockt. Man hatte für ihn eine fünfzig Meter tiefe Grube gegraben, Licht reingelegt, ein Bett aufgestellt, und ein Klo hatte er auch, glaube ich. Die Ernährung war ganz wissenschaftlich, streng nach Vorschrift, mit einem Wort, alles war, wie sich's bei so einem Experiment gehört. Aber schon bald begann die Schwermut an ihm zu nagen – mutterseelenallein, wie er war, der Arme. Wir hier oben schlagen uns das wievielte Jahr schon mit all dem Lärm und dem Krach rum und dort – nicht mal ein Rascheln! Die Stille legt sich einem um den Kopf wie ein Reif. Und mit niemandem kann man ein Wort reden.

Was mich angeht – also ich würde so was nicht machen, aber der hat's ausgehalten. Anschließend ist er allerdings drei Monate lang dauernd zu Konzerten mit Schlagermusik gerannt, gar nicht laut genug konnte er's kriegen, und das Radio zu Hause hat er bis zum Gehtnicht-Mehr aufgedreht, nur um wieder zu sich zu kommen.

Der dritte Redner war fast so braungebrannt wie der Musiker Louis Armstrong. Er hatte mit Freunden eine Wüste durchquert, von einem Ende zum anderen – zu Fuß, das muß man sich mal vorstellen! Ständig vierzig Grad Hitze, die reinste Hölle! Wasser nur hin und wieder ein Schluck pro Mann. Die Brunnen waren nur Fata Morganas oder so. Du marschierst und marschierst, dazu noch Gepäck auf dem Rücken. Trotzdem haben sie bis zum vorgeschriebenen Ziel durchgehalten. Waren am Ende natürlich ganz versengt, konnten gar nicht genug zu trinken kriegen. Danach haben sie lange irgendwo im Schatten rumgesessen, immerfort Limonade mit Eis geschlürft ...

Ja, in unserer vaterländischen Wissenschaft gibt's wirklich noch Helden!

Nach den Vorträgen haben die Leute im Saal Fragen gestellt. Darunter auch eine so heikle wie diese: «Wie stand es denn um Ihre Sicherheit?»

Der Bärtige gab zur Antwort, daß zu bestimmten Zeiten über ihnen ein Flugzeug auftauchte und Schneeschuhe abwarf für die kaputtgegangenen, aber auch Medikamente. Wenn irgendwas war, konnten sie denen da oben was signalisieren. Für den Notfall hatten sie auch ein Funkgerät. Ich glaube, mit dem konnten sie fast bis nach Hause durchrufen.

Der Braungebrannte sagte, hinter ihnen sei immer eine motorisierte Kolonne mit Getränken, Salben, Pflastern, Kühlverbänden und allem Notwendigen durch die Wüste gefahren. Wenn also einer von ihnen schlappgemacht hätte ...

Bei dem Grubenmenschen hatte sogar ein Telefon auf dem Tisch gestanden. Er hätte bloß den Hörer abzunehmen brauchen ...

Man begann zu debattieren, ein Streit entbrannte. Der

Vorlaute, der die Frage nach der Sicherheit gestellt hatte, meinte skeptisch: «Ich verstehe nicht, was daran so heldenhaft gewesen sein soll. Es gab doch eigentlich nicht das geringste Risiko. Mit einer solchen Absicherung könnte man seelenruhig Vergnügungsreisen zum Stern Alpha Centauri unternehmen!»

Ein anderer antwortete ihm:

«Erstens haben die Männer die Sicherung nur für den äußersten Notfall gehabt, das wollen wir mal festhalten. Und zweitens: Wozu soll man ein ungerechtfertigtes Risiko eingehen? Die Hauptsache ist doch, daß unsere Wissenschaftler wertvolle Forschungsarbeit geleistet haben – Männerarbeit unter kompliziertesten, wahrhaft extremen Bedingungen. Viele neue Beobachtungen haben sie angestellt und mit ihrem selbstlosen Einsatz dem Vaterland gewaltigen Nutzen gebracht!»

Als der das von der Männerarbeit sagte, versetzte es mir einen Stich. Ich weiß selber nicht, wie das passierte, aber mir kam's vor, als ob ich auf einmal meine eigene Stimme über einen Kopfhörer vernähme:

«Erlauben Sie, daß auch ich meine Meinung sage.»

Alle wandten sich mir zu. Ich erhob mich und ging wie in Trance zwischen den Stuhlreihen nach vorn. Im Präsidium herrschte Verwirrung. Ich stellte mich hinter das Pult und begann zu reden, einfach so, ohne Vorbereitung, spontan, wie es bei den gebildeten Leuten heißt.

Ich entschuldigte mich, daß ich ohne Aufforderung nach vorn gekommen sei, und dann lobte ich, wie sich's gehört, die Redner: Absicherung hin, Absicherung her, die Männer hätten um der Wissenschaft willen ihre kostbare Gesundheit riskiert, ohne jeden persönlichen Vorteil.

«Nehmen Sie mir meine Unverschämtheit nicht krumm», fuhr ich fort, «aber vielleicht werden Sie auch meinen Bericht interessant finden. Ich habe drei Enkel, wir wohnen zusammen. Ljusja ist zwei, sie ist für einen Krippenplatz angemeldet, einstweilen ist sie bei mir, und ich versorge sie. Slawik ist dreieinhalb und geht in den Kindergarten. Und was den Igor angeht, der ist schon größer und besucht die erste Klasse.

So, nun können Sie sich ein Bild machen. Morgens heißt es die Kleinen ankleiden, ihnen zu essen und zu trinken geben, jeden gesondert losschicken. Jeder hat sozusagen seine Verpflegungsration, sein Plansoll. Nur Ljusja bleibt bei mir. Wenn ich die beiden anderen weggebracht habe, kommt der Rundgang durch die Geschäfte an die Reihe, dann das Essenkochen. Inzwischen hat Ljusja einen Igel verschluckt. Es ist zwar nur ein Spielzeugigel aus Plastik, aber was mein Schwiegersohn ist, der wird es sich ganz bestimmt nicht verkneifen können zu sticheln: So weit sind wir gekommen, daß sich unsere Kinder von Kunststoffigeln ernähren müssen!

Den zweiten Stadtrundgang mach ich dann wegen einer Wohnung, die Gas und Licht hat; ich muß in die Wäscherei, in die chemische Reinigung. Kaum bin ich wieder daheim, ist Ljusja verschwunden. Ich entdecke sie im Kühlschrank. Sie hat im Fernsehen einen Wissenschaftsfilm gesehen und beschlossen, zum Eismeer aufzubrechen.

Igor ist aus der Schule zurück, ich hab ihm mit Sandpapier irgendeine Formel von der Stirn kratzen müssen, geschrieben mit dickem Filzstift. Hab ihm zu essen gegeben, ihn zum Sportkursus – Eiskunstlauf – begleitet. Dann hab ich mich hingesetzt, um Sachen auszubessern. Ljusja ist inzwischen auf den Kleiderschrank geklettert und übt Bergsteigen. Ich muß sie absichern.

Habe dann Igor wieder vom Sport abgeholt, ihm die nassen Sachen aus- und trockene angezogen, mich mit ihm hingesetzt, um eine Mathematikaufgabe zu lösen, irgend etwas über Kongruenz oder so. Es stellt sich heraus, daß es ein Fehler war, ihm die Formel von der Stirn abzukratzen, denn das war die Lösung.

Endlich erscheinen die Eltern. Sie bringen aus dem

Kindergarten den Mittleren, den Slawik, mit. Es stellt sich raus, daß sie zum Frauentag im Kindergarten die Oper ‹Fürst Igor› aufführen wollen, natürlich nicht die ganze, sondern nur in Auszügen. Ich, die Oma, soll mit Slawik die Arie ‹Ach, gebt mir doch die Freiheit wieder!› einstudieren.

Alle sind erschöpft, kippen aus den Latschen, man muß sie aufmuntern, ihnen gut zureden. Morgen müssen sie alle wieder auf ihrem Posten sein. Desgleichen übermorgen und überübermorgen ...»

«Und wie steht es bei Ihnen mit der Absicherung?» will da der unverfrorene Glasnost-Mensch von mir wissen.

«Damit ist alles in Ordnung», antworte ich. «Die Telefonzelle steht an der Ecke. Im Notfall kann ich die Tochter an der Arbeitsstelle anrufen, man holt sie dann aus der Werkhalle. Ich tue es aber nicht, denn sie braucht für den Heimweg eine Stunde und vierzig Minuten. Der Schwiegersohn ist Taxifahrer, und manchmal fährt er am Haus vorbei, dann kann ich ihm aus dem Fenster ein Zeichen geben. Mach ich aber auch nicht, ich komme schon allein zurecht. Er hat schließlich seinen Plan, die Fahrgäste und so. Im Notfall könnte die Flurnachbarin für mich einspringen, aber die bitte ich nie drum. Sie geht ins Büro und hat außerdem einen Pudel zu versorgen. Ein liebes Hündchen. Manchmal führe ich ihn aus ...»

Da streckt der Versammlungsleiter die Hand nach der Glocke aus.

«Es reicht, es reicht ... Was sie da erzählen, Oma», sagt er, «ist sehr interessant, aber was hat das mit dem Thema unseres Symposions zu tun? Und überhaupt ... Wer sind Sie eigentlich, und wie kommen Sie hierher?»

«Erstens», entgegne ich ihm ruhig, «liebe ich es nicht, wenn fremde Leute, Sie verzeihen, mich Oma nennen. Sind Sie etwa mein Enkel? Ich habe, wie ich eben berichtete, bereits drei, einen vierten kann ich vorläufig nicht gebrauchen. Meine Ausführungen, denk ich mir, könnten vielleicht für einen wissenschaftlichen Artikel oder für ein Referat taugen. Falls nicht, bitte ich um Entschuldigung, daß ich Ihre wertvolle Zeit gestohlen habe. Ich befinde mich deshalb hier, lieber Genosse, weil ich in diesem Institut arbeite. Als Putzfrau. Nach Feierabend. Danke für Ihre Aufmerksamkeit.»

*Eduard Medwedkin*

# Eine folgenreiche Wortmeldung

Nur auf der Durchreise kurz in Moskau, geriet Schnjakow ins Theater. Das hatte er eigentlich gar nicht vorgehabt, es ergab sich einfach so. Vor dem Eingang zur Metro hatte er sich in eine Schlange nach Apfelsinen eingereiht und tatsächlich zehn Kilo erstanden. Rasch war er zur Seite getreten, um die Früchte in den Taschen zu verteilen. Während er die Apfelsinen verstaute, wurde unmittelbar über ihm das Fensterchen einer Theaterkasse geöffnet. Die Leute mokierten sich natürlich sofort darüber, daß diese Auswärtigen, diese Hamsterer mit ihrem unstillbaren Appetit auf Obst, den Moskauern den Zugang zu den Höhen der Kultur versperrten, so daß Schnjakow zu einer Notlüge griff.

«Seit dem Morgen stehe ich hier, um mir dieses ... dieses Stück anzusehen!» Er tippte mit dem Finger auf den Aushang und bat um eine Karte für die Abendvorstellung, überzeugt, daß er eine Absage erhalten würde.

«Glück gehabt», sagte die Alte am Fensterchen. «Ich hab 'ne Karte für einen treuen Kunden zurückgelegt, aber der kommt anscheinend nicht.»

Stunden später saß Schnjakow mit erwartungsvollen Augen im Zuschauerraum, wenn auch nicht vorn, sondern unter den Rängen, aber immerhin ... Das Stück handelte von der Perestroika, doch es war seltsamerweise gut, und die Schauspieler waren von der besseren Sorte, wie er sie nur vom Fernsehen her kannte.

Zu Hause werden sie gelb werden vor Neid, jubelte er

innerlich. Man stelle sich vor, ich bin in ein Theater hineingekommen, und in was für eins!

Unmittelbar vor der Pause rief die Hauptfigur des Stückes, wie es heute in Mode ist, in den Zuschauerraum: «Genossen! Und wie steht's bei euch mit der Perestroika? Äußert euch! Schweigt nicht!»

Niemand äußerte sich. Nur Schnjakow brüllte wie im Rausch: «Perestroika? In unserem Betrieb! Daß ich nicht lache! Der Direktor ist 'ne Niete, der Parteisekretär 'ne Schlafmütze, die Produktionszahlen sind gefälscht!»

Er rief es leidenschaftlich, theatralisch, voller Zorn. Die Scheinwerferkegel erfaßten ihn in der Tiefe des schweigenden Zuschauerraums kreuzweis und hoben ihn sozusagen auf ein Piedestal aus Licht. Im Parkett und auf den Rängen brach tosender Beifall los.

Das Oberlicht ging an. Pause.

«Wohl auch ein Schauspieler, was?» fragte jemand aus der Menge.

«Aber nein, ich bin auf der Durchreise», antwortete er mit geblendeten Augen. Seine Bekenntnisfreudigkeit schwand zusehends und machte innerer Unruhe Platz.

«Ein Schauspieler! Bestimmt ist es einer», sagte eine imposante Dame, die sich an ihm vorbei zum Büfett zwängte. «Er kriegt Honorar dafür. Mag sein, daß er nur auf der Durchreise ist, aber so was schreit doch keiner ohne Bezahlung!»

Erschreckt vor der eigenen Courage, die ihm die Zauberkraft der Kunst verliehen hatte, machte er sich in seinem Sessel ganz klein. Trotzdem ... Eine innere Stimme bäumte sich in ihm auf. Trotzdem stimmt es, daß unser Direktor 'ne Niete ist. Eine andere Stimme aber schalt ihn: Na und? Was kümmert dich das? Geht dich doch einen Dreck an. Jetzt haben sie dich, du bist fotografiert und gemeldet worden – jetzt geht's dir an den Kragen. Sie schnappen dich wie Anno 1937. Was ist schon ein halbes Jahrhundert! Die gleichen Typen gibt es doch heute noch ...

Erschrocken musterte er seine Nachbarn, den feisten Lockenkopf links, den schnauzbärtigen Fähnrich rechts. Sie wirkten verdächtig ruhig. Schnjakow erhob sich gekrümmt und tauchte im Strudel der Hinausströmenden unter. Im Foyer, im Rauchersalon, war es brechend voll. Verzweifelt schloß er sich in der Toilette ein und stützte den Kopf in beide Hände. Warum hab ich nicht gleich gemerkt, daß das eine Falle ist! schrie es in ihm. Die Moskauer sind gewitzt, sie halten die Klappe, und ich Hinterwäldler, ich Provinztrottel muß ihnen ins Garn gehen! Selbst wenn meine Vorgesetzten zehnmal Nieten sind, wenn sie zehnmal Berichte fälschen und Schmiergelder nehmen – passieren tut ihnen nichts, nicht einmal entlassen werden sie, im Gegenteil, die Hauptverwaltung deckt und unterstützt sie noch! Also sitzen dort ebenfalls ... Und da die Hauptverwaltung direkt vom Ministerium eingesetzt wird, heißt das, daß auch im Ministerium ...

Er schluchzte auf und betätigte rasch die Spülung. Das Wasser rauschte siegesgewiß in das Becken, als befördere es eine Meldung über vorfristige Planerfüllung.

Ach, wie viele Jahre hat man uns beigebracht, daß es nirgendwo besser ist als bei uns. Und nun ständig diese Appelle zur Offenheit!

Das Glockenzeichen ertönte. Panikartig huschte er aus der Toilette und beschloß, das Klingelgeräusch zur Flucht zu nutzen. Den Halbpelz in der Garderobe schnappen – und dann nichts wie weg! Doch die Menschenmenge strömte in den Saal zurück, und gegen den Strom zu rudern wagte er nicht. An seinem Platz angelangt, fragte er den Fähnrich: «Hat sich jemand dafür interessiert, wer hier sitzt?»

«Ja», antwortete der gewissenhaft und meinte einen Kameraden aus seiner Einheit, der neben ihm Platz nehmen wollte.

«In Zivil?» preßte Schnjakow hervor.

«Nein, in Uniform», antwortete der Nachbar ebenso wahrheitsgetreu.

Schnjakow verspürte einen Stich in der Magengrube: Sie verbergen es nicht einmal! Wozu auch, sie haben ja recht . . . Ihm kam ein rettender Gedanke. Er wartete, bis das Licht ausging, schöpfte tief Luft und verkündete lauthals: «Genossen! Unser Werk ist das beste in der Welt! Unser Direktor – ein väterlicher Freund! Der Parteisekretär – unsere Mutter! Der Gewerkschaftsvorsitzende – ein Adler, hurra!»

Bei den letzten Worten war er schon auf dem Weg zur Garderobe. Die werden mir auf den Fersen bleiben, aber jetzt bekomme ich wenigstens mildernde Umstände, dachte er befriedigt und fingerte in den Taschen nach der Garderobenmarke. Ich hätte mir die Adresse des Fähnrichs geben lassen sollen. Er könnte als Entlastungszeuge aussagen.

«Es ist untersagt, die Garderobe vor Schluß der Vorstellung auszuhändigen!» Die Frau wies die ausgestreckte Hand mit der Marke zurück.

Schnjakow stockte der Atem. Sie waren also schon hier . . .

«Gibt's das Verbot schon lange?»

«Nein, das ist ganz neu. Eben war mein Vorgesetzter hier.»

Gute Arbeit, aber ich bin schließlich auch nicht von gestern! Die Verzagtheit war wie weggeblasen. Ein Zehnrubelschein wanderte in die Hand der Alten, und schon hatte er seinen Halbpelz den eisernen Klauen der Verfolger entrissen. Er stieß viel zu stark die Drehtür an und schoß wie aus einer Schleuder auf die Straße hinaus. Dort stoppte er ein Taxi und plumpste auf den Rücksitz.

«Fahren Sie immer um den Sadowoje-Ring herum», wies er den Fahrer mit dem schwarzen Schnurrbärtchen an.

Da ihnen die ganze Zeit ein Schiguli folgte, mußte Schnjakow noch zweimal den Wagen wechseln. Eine Stunde später löste er, sich verstohlen umblickend, eine Fahrkarte für den nächsten Zug nach Hause, fuhr jedoch nicht bis zu seinem Zielbahnhof, sondern stieg auf einer Zwischenstation aus. Dort irrte er, irgendwelchen Elchspuren folgend, durch den nächtlichen Wald, kehrte erst nach Stunden zum Bahnhof zurück und bestieg einen Zug, mit dem er endlich die Heimatstadt erreichte.

Nervlich war er am Ende, aber dafür schien er seine Verfolger abgeschüttelt zu haben. Am Bahnhof nahm er die erste Straßenbahn und beobachtete hinter der Zeitung hervor die Fahrgäste. Er fühlte sich wie ein Illegaler, der sich zu einem konspirativen Treffpunkt durchschlägt. Kaum daß er die häusliche Schwelle überschritten und seiner Frau einen Kuß auf die Wange gedrückt hatte, fragte er aufgeregt: «Hat man nach mir gefragt?»

«Ja», antwortete die Frau ahnungslos. «Da waren ein paar Anrufe. Der Direktor, der Parteisekretär und noch irgend jemand.»

Schnjakow ertrug den Schlag mannhaft: Der «konspirative Treff» war aufgeflogen.

Im Büro ließ der Direktor kein Wort über Moskau und das Theater verlauten, vielmehr verbreitete er sich über Perestroika, Rentabilität, wirtschaftliche Rechnungsführung. Ihn, Schnjakow, bezichtigte er der Bummelei bei der Arbeit.

Am Abend riefen zwei Fremde an. Einer hatte offenbar falsch gewählt, der andere forderte ihn zum Kampf gegen die Schwarzbrennerei auf und nannte eine Telefonnummer der Miliz. Wie plump die hier vorgehen, dachte Schnjakow. Finsterste Provinz! Wer zeigt schon eine private Brennerei an und verrät damit seine eigene Schnapsquelle! Eines aber stand fest: Die Falle war zugeschnappt.

Am späten Abend, als sich die Straßen leerten, zog er eine Backform mit Zwieback aus dem Ofenrohr, entleerte sie in den Rucksack, zog einen alten Mantel an, nahm einen alten Hut – all das würde man ihm sowieso nehmen – und ging, um sich zu stellen.

An dem stadtbekannten wuchtigen Gebäude angelangt, rüttelte er an der Tür aus Eichenholz, doch sie gab nicht nach. Verwirrt blickte er auf, fand einen Klingelknopf, drückte drauf. Der diensthabende Leutnant hörte ihn aufmerksam und höflich an, fragte korrekt, was er zu Protokoll nehmen solle.

«Daß ich freiwillig gekommen bin, und daß ich alles gestehe ... Bei uns in der Sowjetunion gibt es alles – Fleisch, Speck und so weiter. Bei denen dagegen werden die Neger gelyncht.» Und er leierte die uralten Schlagworte herunter: «Neuland – Kornkammer des Landes! Wir sind die Besten! Sozialistischer Wettbewerb – Schule für Millionen. Vorwärts! Hurra!»

Der Leutnant hörte schon nicht mehr hin. Er wählte bereits die Nummer des Bezirkskrankenhauses:

«Noch einer, der zehnte heute. Sie können ihn abholen.»

*Felix Kriwin*

# Ersatz

## *Der Büchernarr*

Als ausgesprochener Büchernarr habe ich beschlossen, mir eine Bibliothek zuzulegen.

Ich betrete eine Buchhandlung: «Haben Sie Puschkin?»

«Puschkin nicht. Aber als Ersatz für Puschkin empfehle ich ihnen Peschkin, Alexander Peschkin, ein durchaus passabler Dichter.»

«Haben Sie vielleicht Bunin?»

«Tschunin haben wir, Jewdokum Tschunin. Als Ersatz, sozusagen.»

Na schön, dann eben Tschunin und Peschkin. Ich nehme also den Ersatz.

Ich gehe in ein Möbelgeschäft: «Haben Sie Bücherregale?»

«Regale gibt es nicht. Versuchen Sie's mal auf der Post», rät man mir «Kaufen Sie sich Versandkisten. Stellen Sie die Dinger übereinander oder hängen Sie sie an die Wand, und schon haben Sie ein Regal.»

«Haben Sie Versandkisten?» frage ich auf der Post.

«Kisten nicht, aber Kistenersatz. Nehmen Sie diesen Lappen und nähen Sie die Sachen, die Sie versenden wollen, darin ein.»

Aber wie macht man daraus ein Bücherregal, zermartere ich mir das Hirn.

In einer Apotheke erkundige ich mich: «Haben Sie ein Kopfschmerzmittel?»

«Haben wir nicht. Wenn Sie statt dessen etwas gegen Magenschmerzen nehmen wollen ...»

Ich schlucke die Magentabletten, worauf mir ganz übel wird, so daß ich den Rettungsdienst anrufe:

«Ich brauche einen Arzt!»

«Einen Arzt haben wir nicht. Aber einen guten Ersatz: einen Feuerwehr-Einsatzleiter mit Diplom und Praxiserfahrung, wirklich empfehlenswert.»

Nach meinem Ableben erscheine ich vor Gott.

«Und das», sage ich, «soll nun das Leben gewesen sein?»

«Was für ein Leben?» wundert sich der Herrgott. «Alles Leben ist doch längst vorbei. Das war Lebensersatz.»

Ich will aufbrausen, doch er lächelt milde. «Was wollen Sie eigentlich – ich bin schließlich nicht Gott.»

Da fiel mir ein, daß es Gott in Wirklichkeit ja gar nicht gibt. Als Bücherfreund hätte mir das geläufig sein müssen. Darüber haben sowohl Tschunin als auch Peschkin geschrieben.

Es gibt keinen Gott. Es gibt nur eine göttliche Fügung. Und wer ist dafür verantwortlich?

Irgendein Ersatzmann.

## *Der Dummkopf*

Eigentlich lobt man sich ja nicht selbst und redet nicht über seine Verdienste, aber es steht nun mal außer Zweifel: Der Dummkopf ist die wichtigste Triebkraft des Fortschritts.

Einmal wollten wir einen Staudamm bauen. Um die ganze Technik nicht absaufen zu lassen, suchten wir uns ein trockenes Plätzchen und transportierten alles zum Bau Notwendige dorthin. Als wir aufblickten, faßten wir uns an den Kopf: Nichts zum Stauen da, weit und breit kein Wasser ... Ein Reinfall, zugegeben, dafür wissen jetzt alle, daß man einen Staudamm am Wasser bauen muß. Man hat aus unseren Fehlern gelernt.

Fehler sind die Grundlage aller Erkenntnisse – wer aber soll sie begehen? Auf diesem Gebiet kommt man ohne uns Dummköpfe nun mal nicht aus. Wir sind imstande, euch eine Suppe einzubrocken, die ihr nicht so schnell wieder auslöffelt!

Wenn wir ein Haus bauen, ziehen wir zuerst die Wände hoch, danach erst schachten wir darunter das Fundament aus. Ist natürlich falsch, aber gerade dieser Fehler ist es, der deutlich vor Augen führt, wie man nicht bauen darf.

Wenn wir etwas machen, dann so, daß die Welt bis in alle Ewigkeit nicht vergißt, wie es nicht zu machen ist.

Wir sind die ersten, die das Rad erfunden haben. Zugegeben, nicht das runde, sondern das quadratische. Bei dieser Form erübrigten sich zwar die Bremsen, doch ließ es sich nur mit Mühe von der Stelle bewegen. Selbstredend stellt heutzutage niemand mehr viereckige Räder her. Und warum nicht? Weil man aus unseren Fehlern gelernt hat.

Wir Dummköpfe sind die wahren Pioniere. Denn wir zeigen den Weg, den man nicht gehen darf.

Nehmen Sie den Fortschritt selbst. Woher soll man wissen, in welche Richtung er zu lenken ist? Nach links, nach rechts, rückwärts, vorwärts? Wie viele Richtungen haben wir nicht schon eingeschlagen!

Was wäre, wenn es uns nicht gäbe?

Dann müßten die Klugen in die Bresche springen, und davor warne ich. Wenn die nämlich den Fortschritt rückwärts bewegen, dann ist das das Ende. Weil, was die Klugen anrichten, unabänderlich ist.

Im Wasser verharren die Steine gewöhnlich auf dem Grund, die Späne aber schwimmen an der Oberfläche. Beide haben ihre Probleme. Auf dem Grund hat man natürlich mehr Ruhe; man wird nicht vom Regen gepeitscht, leidet nicht unter der Hitze. Dafür ist der Druck von oben groß, und man fühlt sich irgendwie zutiefst getroffen. Oben dagegen drückt einen nichts, man fühlt sich nicht eingeengt, dafür wird man nach allen Seiten geschleudert, je nachdem, woher der Wind gerade weht.

Erwähnen sollte man noch diejenigen, die zwischen Grund und Oberfläche schweben, in halber Höhe sozusagen, weil sie ihren Platz nicht finden können. Sie sind es, die durch ihre Emsigkeit das Wasser so sehr trüben. Ob sie aber nach oben pendeln oder nach unten – Gerechtigkeit wird ihnen nicht zuteil. Zweifellos hat jeder Anspruch auf Gerechtigkeit, doch wenn man jedem gerecht werden wollte, bliebe von der Gerechtigkeit schließlich gar nichts mehr übrig.

Nehmen Sie bloß die elementarsten Naturgesetze. Man könnte meinen, sie seien die Verkörperung der Gerechtigkeit. Wie aber verhält es sich in Wirklichkeit?

Auf einen in eine Flüssigkeit versenkten Körper wirkt eine Kraft, die ihn nach oben drückt. Der Körper taucht ein, denkt sich nichts Böses dabei, man kann sagen, er taucht mit den besten Absichten ein, und plötzlich wirkt die Gegenkraft, als wollte sie sagen: Verdufte! Überaus kränkend, dieses Gesetz. Ist man wiederholt auf diese brüske Art nach oben gestoßen worden, vergeht einem jede Lust zu weiterem Tauchen.

Und das Gesetz, das besagt, daß jeder Kraft eine gleich große Kraft entgegenwirkt? Ist das etwa gerecht? Wollten wir jeder Handlung, das heißt, jedem Wirken, entgegenwirken, so säßen wir eines Tages nur noch untätig mit gefalteten Händen da – was wir ja auch tun. Man bringt niemanden mehr zum Handeln, weil jede Handlung auf eine Gegenhandlung stößt.

Ein anderes Naturgesetz besagt: Je aktiver, reaktionsfreudiger ein Metall ist, desto seltener ist es in freiem, ungebundenem Zustand anzutreffen. Na, merken Sie was? Das heißt, je passiver wir sind, desto freier sind wir, sobald du aber Aktivitäten entwickelst, bist du selber schuld ... Im schlimmsten Fall kann es sogar passieren, daß du, wie Natrium, überhaupt nicht mehr in freiem Zustand angetroffen wirst.

Eine ungerechte Gerechtigkeit. Daher sehnen wir uns auch nach der gerechten Ungerechtigkeit, bei der die Steine auf der Oberfläche schwimmen und die Späne untergehen oder beide in der Mitte auf und ab schwanken, während die aus der Mitte nach oben streben. Oder nach unten.

*Manuil Semjonow*

# Plädoyer für den Bürokratismus

Kürzlich erfuhr ich eine Neuigkeit: Der Bürokratismus soll abgeschafft werden. So wie man eine Fabrik schließt, deren Produkte nicht mehr gefragt sind, oder ein Bergwerk, wenn die Lagerstätten erschöpft sind. Ich habe mich sehr darüber erregt. Ob das wohl richtig ist, habe ich mich gefragt. Es scheint mir verfrüht.

Andererseits hätte das natürlich etwas für sich. Die von der schreibenden Zunft beschweren sich ja seit langem, das Thema «Bürokratismus» sei erschöpft, also Schluß damit! Es reiße niemanden mehr vom Stuhl wie früher einmal, als Majakowski wetterte:

> Mit Wolfszähnen wollt ich
> den Amtsschimmel fassen ...

Das sind natürlich starke Worte. Aber wann wurden sie geschrieben? Vor einem halben Jahrhundert! Besseres wurde seither nicht zu Papier gebracht – ein eindeutiger Beweis dafür, daß das Thema unpopulär ist, daß es einen Bart hat, wie man so sagt. Vielleicht hat auch das satirische Pathos in der Poesie nicht mehr ein solches Gewicht wie einst.

Aber selbst die Karikaturisten jammern. Sie könnten die widerliche Standard-Physiognomie des Bürokraten mit Hornbrille und stumpfem Blick einfach nicht mehr zeichnen, sagen sie. Man hat sich an diese Visage so gewöhnt, daß die Leute sie ebensowenig beachten wie ein Schild «Betreten des Rasens verboten!».

Die Unterhaltungskünstler beklagen sich genauso. Die Fratze des Bürokraten komme nicht mehr an. Nicht etwa, weil jetzt irgendeine andere lächerliche Type der große Hit ist, sondern weil die Zuschauer über den bösen Beamten ums Verrecken nicht mehr lachen.

Kurz, auf allen Ebenen scheint das Thema in der Sackgasse zu stecken.

Dennoch, ist es nicht etwas zu früh, den Bürokratismus ad acta zu legen, ihn zum Ausverkauf anzubieten oder zum Abriß freizugeben? Ich meine, es ist zu früh. Besonders im Hinblick darauf, daß wir immer nur an den *Schaden* denken, den er verursacht, und dabei den *Nutzen* außer acht lassen, den er bewirken kann.

Nutzen – werden Sie fragen –, gibt es den überhaupt? Aber ja, durchaus, er hängt lediglich von den Umständen ab. Ohne daß ich Anspruch auf ein Patent erhebe, will ich die Mühe auf mich nehmen und an einigen konkreten Beispielen den nützlichen, sozusagen schöpferischen Bürokratismus vorführen. Dies kommt gewissermaßen der Zähmung einer wilden Katze gleich, wobei die angeborenen raubtierhaften Instinkte des Tieres für die Interessen des Menschen ausgenutzt werden.

Beginnen wir mit einem Experiment, das uns vor Augen führt, wie man im Bunde mit dem Bürokratismus gegen Mißwirtschaft kämpfen und sie sogar besiegen kann. Stellen wir uns vor, jemand betritt die *Bank für Offene Mißwirtschaft*, im weiteren BOM genannt. Hinter dem Schreibtisch mit dem Schildchen «Vorsitzender» thront ein Bürokrat.

«Ich möchte den Vorstand der Bank bitten», sagt ein Besucher, «uns einen Kredit in Höhe von sechzehn Millionen Rubel für den Bau einer Porzellanfabrik zu bewilligen.»

«Gibt es vor Ort die nötigen Rohstoffe?»

«Ja... Aber der Ton reicht höchstens für zwei bis drei Dutzend Teeservice.»

«Haben Sie dafür eine Bestätigung?»

«Ja, vom Geologischen Institut. Die Expertise wurde erst nach der Freigabe des Bauprojekts und nach der Aufnahme in den Plan durchgeführt, aber immerhin, sie wurde durchgeführt.»

«Das heißt, daß das zu errichtende Werk sofort nach Anlaufen der Produktion . . .»

«. . . wieder stillgelegt wird.»

«Und welche Garantie gibt es, daß das Werk nicht für andere Zwecke, sagen wir zur Holzverarbeitung, umgerüstet werden kann?»

«In einem Radius von mehr als tausend Kilometern um das Werk gibt es nicht einen einzigen Baum. Die Wälder wurden bereits im achtzehnten Jahrhundert abgeholzt. Hier die Bescheinigung von der Staatlichen Forstwirtschaft.»

«Und für die Aufbereitung von Wolle?»

«Die einzigen Tiere in unserer Gegend, von denen man Wolle gewinnen könnte, sind Langhaarterrier und Collies. Von diesen beiden Hunderassen gibt es bei uns weit und breit jedoch höchstens zweihundert Exemplare. Sie können das im Jahresbericht der Gesellschaft für Hundezüchter nachlesen.»

«Das heißt, daß die sechzehn Millionen Rubel Kredit in den Wind geschrieben wären?»

Der Besucher, erfreut, alle bürokratischen Hürden erfolgreich genommen zu haben, ruft enthusiastisch aus: «Genau, in den Wind! Können wir nun zu den Formalitäten schreiten?»

«Immer langsam! Ich brauche noch ein Dokument.»

«Mein Gott, was denn noch?»

«Ein Dokument, das bestätigt, daß im Bereich des Bauvorhabens tatsächlich Winde wehen, die in der Lage sind, die sechzehn Millionen wie Straßenstaub in alle Himmelsrichtungen zu zerstreuen!»

Damit kann der Besucher nicht dienen. Er erhebt sich,

wischt sich erschöpft den Schweiß von der Stirn und wankt zur Tür. Wie im Fieberwahn murmelt er:

«Diese Kanzleiratte ... dieser verfluchte Bürokrat!»

Aber das unnütze Projekt hat er doch zweifelsohne wohlbegründet verhindert, der gewissenhafte Bürokrat.

Verlassen wir jetzt die Produktionssphäre und begeben wir uns in das Dienstleistungswesen. Sehen wir uns an, wie der Bürokratismus auch dort von Nutzen sein kann. Nehmen wir zum Beispiel die Kampagne gegen den Alkoholismus, die bislang leider noch keine glänzenden Ergebnisse gezeitigt hat. Wie wär's, wenn wir auch hier die Bürokraten mit einbezögen? Natürlich dürften wir ihnen nicht etwa die Aufgabe stellen, die Trunksucht zu unterbinden, sondern im Gegenteil – sie zu legalisieren.

Stellen wir uns also vor: Früher Morgen. In einem Kiosk, der soeben geöffnet hat, die uns bereits vertraute Figur des Bürokraten, nur jetzt nicht in einem maßgeschneiderten Anzug, sondern in Kittel und weißer Schürze. Dem Ladentisch nähert sich ein ziemlich heruntergekommenes Individuum und verlangt mit heiserer Stimme: «Los, Kumpel, mach mal die Luft aus dem Glas!»

«Äh?»

«Schenk ein, sag ich, von deinem Gesöff da. Mir verdorrt die Kehle!»

«Immer sachte, Bürger. Erstens wird hier kein Gesöff verkauft, sondern Obstwein Marke ‹Smorodinka› HSL 1261. Zweitens: Woher soll ich wissen, daß Ihnen die Kehle verdorrt? Das steht Ihnen ja nicht auf der Stirn geschrieben.»

«Na, dann schnupper doch mal 'n bißchen – ich stinke doch noch eine Werst weit nach dem Sprit von gestern!»

«Das fehlte noch! Im Laufe eines Tages tanzen hier tausend solcher Kunden wie Sie an. Soll ich etwa an jedem herumschnuppern? Bin ich ein Mitarbeiter im Dienstleistungswesen oder ein Spürhund?»

«Schön, wenn du nicht schnuppern willst, dann sieh mir wenigstens in die Visage. Siehst du, wie aufgedunsen sie ist?»

«Seh ich. Bloß meine persönlichen Gefühle und Wahrnehmungen kann ich nicht abrechnen und abheften. Vielleicht haben Sie einfach länger als sonst geschlafen? Nach getaner Arbeit ist gut ruhn, haha ...»

«Arbeit? Pfui Teufel! Hast du 'ne Ahnung, wie wir gestern gepichelt haben!»

«Wieder pure Angeberei. Geschichten aus dem Wienerwald ... Angenommen, ich schenke Ihnen ein Glas Wein ein – was dann?»

Die Gestalt belebt sich sichtlich im Vorgeschmack des Trunkes.

«Bitte sehr, gieß bloß was ein, gieß ein! Mir reicht ein Schluck, und schon bin ich beschäkert.»

«Das behauptet ihr alle. Und dann rennt ihr haste was kannste zur Arbeit.»

«Ich zur Arbeit? Haha! Wenn du wüßtest, wieviel Fehlschichten ich schon wegen dieser Trinkerei habe!»

«Ich weiß gar nichts. Erzählen kann man mir viel. Tja, wenn Sie mir eine Bescheinigung brächten ...»

Das Individuum ist sichtlich verdattert angesichts der unerwarteten Wendung.

«Bescheinigung? Worüber?»

«Über die Fehlschichten. Dann bekommen Sie auch Ihren Wein. Der Großhandel hat uns strenge Weisung gegeben: Ausschankwein ist Mangelware, er soll nicht wahllos verabfolgt werden. In erster Linie ist er an die auszugeben, die nicht ohne ihn auskommen: an Kraftfahrer, Möbelträger, Bummelanten, chronische Alkoholiker ... Klar, Bürger?»

«Aber ich bin doch, kann man sagen, auch ein ...»

«Behaupten kann man alles. Bringen Sie eine Bescheinigung, sonst gibt's nichts.»

«Schön, aber wenn ich mir nun ein Glas ‹Smorodinka›

schnappe, es runterkippe und unser Pförtner merkt es, läßt mich festnehmen ... Wie kann ich dir dann eine Bescheinigung vorlegen?»

«Regen Sie sich nicht auf. Um mich Ihres Jargons zu bedienen: Solange ich nicht die Bescheinigung geschnappt habe, schnappen Sie nicht den Wein. Klar?»

Das heruntergekommene Individuum schüttelt halb von Sinnen den Kopf.

«Bescheinigung ... HSL 1261 ... Ich will nicht!»

Energisch lenkt der Mann seine Schritte in Richtung Fabriktor.

Der Bürokrat reibt sich zufrieden die Hände und sagt: «Na also ... Wieder einen Pseudoalkoholiker überführt!»

Er langt nach dem Hauptbuch und macht einen Vermerk.

Der Kürze halber sind hier nur zwei Beispiele für die durchaus nutzbringende Tätigkeit des Bürokraten angeführt. Die Liste der Beispiele ließe sich fortführen. Warum sollte man nicht nach dem Prinzip der BOM eine Hauptverwaltung «Verpulv» (Verpulverung staatlicher Investitionsmittel), eine Institution namens «Einproders» (Einstellung der Produktion von Ersatzteilen) oder einen «Sequa-Dienst» (Senkt die Qualität) gründen?

Wenn wir unsere alten Vorurteile über Bord werfen und zu gewagten Experimenten in großem Maßstab übergehen, dann kann eine Zeit anbrechen, wo der allseits verachtete und geschmähte Bürokratismus zu einer sympathischen, ja erwünschten Erscheinung wird und sich in einen guten Freund des Menschen verwandelt – am Arbeitsplatz und zu Hause.

Dann werden wir statt der Schimpftiraden und Flüche immer öfter hören:

«Dank dir, Bürokratismus! Nur weiter so!»

*Wladislaw Jegorow*

# Perestroika in Obradowsk

## I

Wieder kehrte im Stadtbezirkszentrum Obradowsk der Frühling ein. Die unerbittliche Sonne ließ die Schneewehen schmelzen, und den Blicken der Bürger boten sich rostige Konservendosen, zersplitterte Flaschen, leere Zigarettenschachteln und sonstiger Müll. Da versammelten sich die Stadtväter und beratschlagten, welche Maßnahmen zu ergreifen seien, damit in die Straßen und Plätze der ruhmreichen Ortschaft Ordnung und Sauberkeit einziehe.

In einem ausführlichen Bericht wurde festgestellt, daß die Erfahrungen der vergangenen Jahre, als der Kampf um Sauberkeit mit Hilfe von aufrüttelnden Losungen, bunten Transparenten, monumentalen Propagandaständen, Wanderausstellungen, Symposien, Foren und wissenschaftlichen Konferenzen geführt wurde, sich auf der ganzen Linie bewährt, jedoch keinerlei Ergebnisse gezeitigt hätten. Zum Zwecke der «weiteren Verbesserung» müsse man daher einen Schritt nach vorn tun, aber was für einen konkret – eben das galt es herauszufinden.

Als erster bat einer der jüngsten Stadtväter ums Wort.

«Ich schlage vor, an die Mitarbeiter des städtischen Dienstleistungssektors höhere Anforderungen zu stellen», meinte er hitzig. «Außerdem sollte man sich ernsthaft mit der Mechanisierung der Straßenreinigung befassen und den Personalbestand der Hauswarte zu Lasten des Verwaltungsapparates erhöhen.»

«Sie hinken dem Leben bedauerlich hinterher», warf einer der erfahrensten Männer unter den Anwesenden giftig ein. «Die Berufsbezeichnung ‹Hauswart› haben wir als nicht wohlklingend bereits vor fünf Jahren ausgemerzt und die neue zeitgemäße Bezeichnung ‹Operator für Hofterritorien und Trottoire› eingeführt.»

«Na schön, dann eben nicht die Hauswarte, sondern die Operatoren», stammelte der Junge verwirrt. «Sollen sie Besen, Schaufeln und ...»

«Ich denke, jedem müßte klar sein», unterbrach der zweite Stellvertreter des ehrwürdigen Stadtoberhauptes den unreifen Burschen, «daß die allen Anforderungen der wissenschaftlich-technischen Revolution gerecht werdende Bezeichnung ‹Operator› und die vorsintflutlichen Schaufeln und Besen zwei unvereinbare Dinge sind. Was wollen Sie hier propagieren? Die Epoche des Feudalismus der Kommunalwirtschaft?»

Der beschämte Propagandist primitiver Arbeiten, wie sie zweifelsohne von Hauswarten ausgeführt werden, verging vor Scham.

Nachdem man seine Asche in den Papierkorb geschnipst hatte, erhob sich ein Genosse in Uniform.

«Erlauben Sie mir folgenden Vorschlag», skandierte er. «Seinerzeit wurden Strafgefangenenkommandos zur Straßenreinigung eingesetzt, die uns jeweils für die Dauer von bis zu fünfzehn Arbeitstagen unterstellt wurden. Vielleicht ...»

«Kommt nicht in Frage!» riefen mehrere der Anwesenden händefuchtelnd. «Ihre Schützlinge haben mit ihren zerknautschten Hosen und Physiognomien die architektonisch-räumliche Komposition der neuen Stadtviertel auf das empfindlichste beeinträchtigt, und der Gestank, der von ihnen ausging, hat das Mikroklima unserer Stadt verpestet.»

Eine lange Pause trat ein, die schließlich von einer zaghaften Stimme vom Ende des Tisches her beendet wurde.

«Und was, wenn man statt der erwähnten ... hm ... Arbeitskommandos die technische Intelligenz einsetzt?»

Einige Sekunden lang waren alle verwirrt, doch die ruhige Stimme des Vorsitzenden gab ihnen das seelische Gleichgewicht wieder: «Keine schlechte Idee! Ganz klar, ein unrasiertes, schmuddliges Subjekt mit Besen schafft Disharmonie. Wenn man aber dasselbe Gerät einem diplomierten Spezialisten aushändigt, sagen wir, einem Konstrukteur oder Ingenieur, also versierten Technologen, die in der Regel Schlips und Hut tragen, so würde dies das Stadtbild sogar verschönern. Übrigens sollten wir uns nicht nur auf diese Schicht beschränken – soll doch jedes Arbeitskollektiv, sei es aus einem Werk oder einem Forschungsinstitut, voll verantwortlich die Müllbeseitigung eines festgelegten Stadtviertels auf sich nehmen.»

Es folgten langanhaltende Ovationen. Als sie verebbt waren, brachte der Vorsitzende eine wichtige Präzisierung ein: «Um möglichen unzutreffenden Anschuldigungen einzelner verständnisloser Bürger vorzubeugen, wir würden unsere unmittelbaren Aufgaben auf die Schultern anderer abwälzen und sie damit von der Erfüllung ihrer eigentlichen Verpflichtungen abhalten, schlage ich vor, das Ganze als ‹elementare Forderung der breiten Massen› sowie als ‹ehrenamtliche Initiative› zu deklarieren.»

Abermals Applaus. Danach schritt man zur Bildung einer Kommission, die den Arbeitsplan bis ins kleinste Detail ausarbeitete. In der verabschiedeten Resolution über den Wettbewerb unter der Devise «Schöner unsere Gassen, einladender unsere Nebengassen» verdienen folgende Punkte Aufmerksamkeit:

*Punkt 4:* Den Betrieben, Organisationen bzw. Einrichtungen werden zwecks besseren Kennenlernens der Heimatstadt Territorien zur Säuberung zugeteilt, die möglichst weit von ihrem Standort entfernt liegen.

*Punkt 5:* An allen Bus- und Straßenbahnhaltestellen sind

gut lesbare Schilder mit dem Namen des Betriebes anzubringen, der auf dem betreffenden Gelände die Müllbeseitigung durchführt, desgleichen die Telefonnummer seiner Gewerkschaftsleitung, damit jeder Passant bei Entdeckung einer Nachlässigkeit sich bei der verantwortlichen Stelle beschweren kann.

*Punkt 7:* Um eine gute Qualität der Säuberung zu gewährleisten, ist diese nur bei Tageslicht durchzuführen, weswegen alle Konstruktionsbüros, wissenschaftlichen Forschungsinstitute und ähnliche Organisationen notfalls zur Nachtschicht überzugehen haben.

*Punkt 9:* Wo das unter Punkt 7 Gesagte nicht durchführbar ist, sind die Leute nach der Mittagspause bis Feierabend zur Straßenreinigung freizustellen, wobei ihr Einsatz als Abkommandierung zum Studium der wissenschaftlichen Arbeitsorganisation im Umweltproblembereich auszuweisen ist.

*Punkt 14:* Sollten sich Rowdys, Tagediebe und schwererziehbare Jugendliche Spottreden erlauben («Eh, du da mit dem Hut, heb gefälligst meine Kippe auf!» oder «Paß auf, daß dir beim Besenschwenken nicht die Brille runterfliegt!»), so ist darauf nicht kontrovers, sondern taktisch klug zu antworten, ohne daß dabei das Gefühl der eigenen Würde leidet.

*Punkt 15:* Die Qualitätskontrolle der Reinigungsarbeiten ist den Operatoren für Hofterritorien und Trottoire zu übertragen, die von allen anderen Arbeiten freizustellen sind; zur Bestimmung der Qualität nach einem fünfstufigen Bewertungssystem sind bevollmächtigte Kommissionen aus Vertretern städtischer Dienstleistungsbetriebe zu bilden.»

Die Initiative der Obradowsker Bürger gelangte zur vollen Entfaltung, wie es so schön heißt. Kein Werk, keine Institution der Stadt, die nicht unmittelbar beteiligt gewesen wären . . . Das heißt, außer einer: der Stadtverwaltung.

## II

Wenn wir ganz ehrlich sein wollen, so ist im Stadtbezirkszentrum Obradowsk die Einstellung gegenüber dem sattsam bekannten Übel Alkohol seit altersher zwar ablehnend, jedoch mit einem Anflug von Nachsicht und sogar Sorglosigkeit behandelt worden. «Natürlich richtet der ‹Halunke Alkohol› viel Böses an», grämten sich mitunter die Väter und Großväter der Stadt, wenn sie sich am smaragdfarbenen Ufer der wasserreichen Obradowka um das Tischleindeckdich herum niederließen. «Wegen dem Schnaps, dem verfluchten, wächst die Arbeitsproduktivität nicht in dem nötigen Tempo, die Grundpfeiler der Familie geraten ins Wanken, es kommt zu Rowdytum, doch wenn man's genau nimmt, haben schließlich nicht wir diesen Brauch eingeführt, sondern es war vor genau tausend Jahren der Großfürst Wladimir, und der war bekanntlich alles andere als ein Dummkopf. Tja ... Wenn man zu dritt 'ne Literflasche Selbstgebrannten im Hauseingang leert, so ist das ethisch und ästhetisch gesehen eine Beschäftigung, die das Auge wahrhaftig nicht erfreut, aber wenn das sozusagen im intimen Kreis stattfindet, noch dazu mit Kognak, vielleicht gar nach der finnischen Sauna, unter aufmunternden Trinksprüchen ... Tja, es ist nicht leicht, mit diesem Überbleibsel der Vergangenheit Schluß zu machen. Doch kein Grund zum Verzweifeln. Das Trinken wird sich ganz von allein geben, und vielleicht gelingt es sogar in historisch kurzer Frist – wenn nicht uns, so künftigen Generationen –, den unerwünschten Hang zum Alkohol loszuwerden. Einstweilen jedoch kann es nicht schaden, zur Stärkung noch einen zu heben.»

In solch melancholischer Betrachtungsweise dieses brennenden Problems verharrten die Obradowsker nun schon so manches Jahr, als sie eines Morgens die Zeitung aufschlugen und dort schwarz auf weiß geschrieben fanden: «Nichts gibt sich von allein. Das besagte Übel ist unverzüglich abzuschaffen!»

Oje, oje! dachten die Väter und Großväter seufzend, laut aber ließen sie ein «Hurra!» ertönen und schritten ohne zu säumen zur Tat.

Wie stets galt es allem voran, Maßnahmen zu treffen, die einerseits tiefstes Verständnis für das Gebot der Stunde demonstrieren und andererseits durch Großartigkeit und Unverwechselbarkeit die anderen Städte und Gemeinden übertrumpfen sollten. Für den Programmentwurf wurden die hellsten Köpfe der Stadt hinzugezogen, als da waren: der große Denker im Stadtbezirkszentrum Wassili Susloparow, Autor der Schrift «Einige methodologische Bemerkungen zur Frage der Mindestanforderungen an die harmonisch entwickelte Persönlichkeit», dann Uljan Balandin, der Plakatmaler und Schöpfer der Propagandatafeln «Gehen Sie nicht achtlos vorbei!», sowie der Dichter Hermogen Nowodewitschi, ständiger Preisträger des Festivals «Obradowsker Lyra». Sie alle galten als Kenner der Materie, so daß man sich auf ihren Sachverstand getrost verlassen konnte.

Als erster ergriff Susloparow das Wort. Er sprach sich in dem Sinne aus, daß neben dem Großfürsten Wladimir, auch als Rote Sonne bekannt, kein Geringerer als Alexander Puschkin einen gewissen Teil der Schuld an der entstandenen Situation trage, so betrüblich das auch sei. Obwohl selbiger zweifellos ein Genie gewesen sei, habe er nun mal in seinem «Bacchantischen Lied» den unbesonnenen Ausruf getan: «Erhebt die Pokale und stoßt mit uns an!» Diese leichtsinnigen Verszeilen prägten sich dem ungefestigten Verstand des Kindes bereits auf der Schulbank ein. Als Erwachsener empfinde dieser Mensch dann nicht nur keinerlei Scheu vor einem Gläschen, sondern folge sogar freudig dem falschen Rat des großen Dichters. In diesem Zusammenhang schlug Susloparow vor, Puschkins Aufforderung zum Alkoholmißbrauch in den Lesebüchern folgendermaßen abzuwandeln: «Erhebt die Lineale und stoßt mit uns an!»

Balandin entwickelte in seiner Rede die These Susloparows weiter. Zu Recht warf er insbesondere dem flämischen Maler Rubens vor, die bacchantische Gefahr unzulässig beschönigt zu haben, und er machte den Vorschlag, die Trinkgefäße auf den Bildern des alten Meisters mit der Darstellung von Büchern, beispielsweise der oben erwähnten Broschüre seines Vorredners, zu übermalen. Um jeglichen unerwünschten Assoziationen den Boden zu entziehen, trug der verdiente Plakatmaler darüber hinaus die kühne Idee vor, künftig sämtliche Karaffen und Gläser von den Tribünen zu verbannen und durch Tonkrüge und irdene Becher zu ersetzen. Den Blick bescheiden gesenkt, verpflichtete er sich, innerhalb von vierundzwanzig Stunden ein Plakat mit der Aufschrift «Er trieb Alkoholmißbrauch» zu schaffen. Der Künstler nannte getrost diese überaus kurze Frist, weil er beabsichtigte, ein schon fertiggestelltes Selbstbildnis für diesen Zweck zu verwenden.

Zum Abschluß teilte der Lyriker Nowodewitschi seine Gedanken mit. «Da wir uns künftig nicht länger dem Wodka, sondern dem Mineralwasser hingeben werden», erklärte er pathetisch, «wäre es wünschenswert, zur Beschleunigung der Adaption, das heißt zur Gewöhnung an das neue Volksgetränk in unserem Getränkekombinat eine spezielle Produktionshalle zur Anreicherung der beliebtesten Wodkasorten mit Kohlensäure zu eröffnen ... Und muß es nicht jedem Trinker einen Stich ins Herz versetzen», fügte er hinzu, «wenn er beim Betreten eines Ladens über dem Tresen meine Losung liest:

Wisse, Sweta,
Merk dir, Wlas:
Dem Wodka – Veto!
Trinkt lieber Kwaß!

Die Väter und Großväter von Obradowsk, die im Prinzip mit den Ausführungen der hellsten Köpfe einverstanden waren, faßten aufgrund der perestroikischen Bedeutsamkeit der anstehenden Beschlüsse den Entschluß, zur endgültigen Bestätigung der vorgesehenen Veränderungen die Vollversammlung einzuberufen.

Die trinkenden Bürger erfuhren zwar nicht, daß Puschkin an ihrem Niedergang schuld war, doch wurden sie davon informiert, daß die Mittel, die für den Bau einer Trinkerheilanstalt bewilligt worden waren, nun für den Guß einer Glocke der Volksversammlung verwendet werden sollten.

## III

Im Stadtzentrum Obradowsk ist man es gewohnt, sich nach der jeweiligen Windrichtung zu drehen, daher ist es den Amtspersonen immer ein leichtes gewesen, diese oder jene Strömungen rechtzeitig zu wittern und prompt zu reagieren. Während man sich anderswo noch den Nacken kratzt und überlegt, wie und was, liegt in Obradowsk bereits der Rapport parat: «Wir teilen mit, daß uns die Maßnahme Nr. 8351 aus dem Herzen spricht und bereits überplanmäßig mit 100,8 Prozent realisiert wurde.»

Wenn man sich besonders hervortun wollte, schlug man natürlich noch zwei bis drei Prozent auf und verlegte den Erfüllungstermin auf das nächste bedeutungsvolle Jubiläumsdatum.

Die Empfehlung, das Denken umzugestalten, damit es künftig in strenger Übereinstimmung mit dem exakten Rhythmus des wissenschaftlich-technischen Fortschritts abläuft, wurden von den Obradowskern nicht nur ohne jede Panik, sondern mit großem Enthusiasmus aufgenommen. «Was sein muß, muß sein!» meinten sie und schritten ohne Zögern zur Tat. Und zwar so energisch, daß es schon nach Ablauf einer Woche möglich war, eine Arbeitskonferenz einzuberufen, auf der Erfahrungen ausgetauscht, erste Bilanz gezogen und mobilisierende Orientierungsrichtlinien entworfen werden sollten.

Schon das Äußere des Kulturpalastes, in dem die Konferenz stattfand, zeigte anschaulich, welch grundsätzliche Veränderungen sich in den administrativen Köpfen vollzogen hatten. Die weißen Marmorwände waren mit einer gewöhnlichen roten Ziegelmauer verkleidet worden – auf diese Weise demonstrierten die Obradowsker, wie tief sie jeglichen Prunk verachteten. Aus dem gleichen Grund wurden die leuchtend roten Teppiche im Sitzungssaal (achthundertfünfundsiebzig laufende Meter) gegen ebenso lange Läufer in der dezenten Farbe Bordeaux ausgewechselt. Die Herstellung erfolgte innerhalb kürzester Frist im örtlichen Textilkombinat. Dafür wurde die Produktion des veralteten Kattuns, der wegen seines Spottpreises den Lebensstandard der Stadtbewohner so arg herabgedrückt hatte, eingestellt.

Als erster referierte der größte Denker unseres Bezirks, Wassili Susloparow, der in Obradowsk für Fragen der «inneren Kultur» zuständig war, über seine persönlichen Erfahrungen mit der geistigen Umorientierung. Unter dem Beifall aller Anwesenden erklärte er, daß er für die Umgestaltung seines Gehirns genau vier Minuten und siebzehn Sekunden gebraucht habe. Genauso lange habe er benötigt, um sich über die Notwendigkeit klarzuwerden, jedwedem Tamtam und jeder Phrasendrescherei entschieden den Kampf anzusagen. Er schlug vor, Fanfaren und Trommelwirbel abzuschaffen und künftig feierliche Verpflichtungen beim Klang einer Fiedel oder einer Hirtenflöte vorzunehmen. Lebhafte Zustimmung fand auch der kühne Verbesserungsvorschlag des Redners, die Adjektive «grandios», «beeindruckend» und «ungestüm» in Reden und Rechenschaftsberichten durch «breit», «sichtbar» und «fortschreitend» zu ersetzen; das Substantiv «Bruttoproduktion» sollte stets in Verbindung mit dem Epitheton «viel kritisierte» gebraucht werden und die Begriffe «Quantität» und «Qualität» nur noch im Verhältnis 1 zu 3.

Als nächster ergriff der Direktor des Nahrungsmittelkombinats, Nikolai Chudjakow, das Wort. Er widmete seine Ausführungen dem lebensnotwendigen Problem: Wie hält man mit der wissenschaftlichen Revolution Schritt, und was ist zu tun, damit man nicht zurückbleibt? Der Direktor unterstrich, dies sei nur zu erreichen, wenn man die neuesten Errungenschaften der Technik in großem Maßstab einführt, wovon die Erfolge des von ihm geleiteten Werkes zeugen. Dank der Inbetriebnahme einer neuen Stahlgießerei sei es zum Beispiel möglich geworden, Pasteten in absolut wasserdichter, nicht verformbarer und völlig korrosionsfreier Metallverpackung zu erzeugen. Allein diese technische Neuerung habe einen jährlichen Produktionszuwachs von 10 000 Tonnen gebracht, und dabei habe sich der spezifische Teigverbrauch pro Pastete nicht um ein einziges Gramm erhöht! (Wie es so schön heißt: Die Brühe kommt teurer als der Braten.)

«Das Leben lehrt aber», schloß Chudjakow, «nicht auf der Stelle zu verharren, sondern vorwärtszudrängen. Der neue Geist, der uns erfaßt hat, weist uns den Weg, wie man ohne großen Kostenaufwand Erfolge erzielen kann. Indem wir bei der Herstellung von Eis am Stiel auf gebeizte Eiche und karelische Birke umgestiegen sind, erhöhten wir den Produktionswert bei gleichbleibender Eisqualität und unverändertem Lohn um 300 Prozent – in Rubeln ausgedrückt. Auf diesem Weg werden wir weitergehen.»

«Die tiefgreifende Perestroika in den Gehirnwindungen», versicherte der Direktor des kommunalen Dienstleistungswesens von Obradowsk, «hat sich auch in den Köpfen unserer Angestellten vollzogen. Sie haben sich einmütig der wissenschaftlich-technischen Revolution zugewandt. Jeder Leiter ist heute imstande, die Worte ‹Intensivierung›, ‹Automatisierung› und ‹Computerisierung› auszusprechen, ohne zu stottern. Was die Straßenkehrer betrifft, so haben sie Besen und Schaufeln endgültig beiseite gestellt – sie sind mit modernen elektronischen Datenverarbeitungsanlagen ausgestattet. Mit Hilfe dieser klugen Maschinen können in Sekundenschnelle Tabellen aufgestellt werden, die darüber Auskunft geben, welcher der städtischen Industriebetriebe und welches wissenschaftliche Institut gerade ihre Kollektive zur Straßenreinigung ausgeschickt haben. Die Sanitärtechniker haben seit kurzem die Möglichkeit, auf Bildschirmen das Entströmen des Wassers aus den Wasserhähnen zu verfolgen. Dabei stellte sich heraus, daß wesentlich mehr verbraucht wurde als angenommen. Das kühne Projekt, künftig sämtliche Bäche, die in den Fluß Obradowka münden, in die Wasserrohre umzuleiten, ist demnach wissenschaftlich-technisch voll und ganz gerechtfertigt.»

Die Konferenz in Obradowsk dauerte drei Tage. Ihre Teilnehmer schätzten sie nicht ohne Grund als notwendig und nützlich ein. Um ein weiteres Mal zu bekräftigen, daß sie nunmehr auf vollkommen neue Art und Weise denken, wurde beschlossen, die entsprechende Resolution nicht – wie früher üblich – einstimmig, sondern mit zwei bis drei Stimmenthaltungen anzunehmen. So sehr sie sich allerdings auch bemühten – nicht ein einziger Stimmenthalter ließ sich ausfindig machen. Das ist auch nicht verwunderlich: Den exakten Daten des städtischen Rechenzentrums zufolge hatten innerhalb einer Woche 102,4 Prozent der Obradowsker Einwohner die Perestroika in ihren Köpfen vollzogen.

*Boris Bronschtejn*

# Mit dem Rücken zur Leinwand

Wie es dazu kam, vermag ich heute nicht mehr zu sagen. Ob wir zu abgespannt waren und die Tagesordnung durcheinandergebracht hatten oder ob der Versammlungsleiter Trofimow sie wieder mal unverständlich heruntergeleiert hatte ... Jedenfalls kriegten wir nicht mit, daß der offizielle Teil der Versammlung beendet war. Wir dachten, es sei Pause, gingen hinter die Kulissen, rauchten eine und begaben uns nach dem Klingelzeichen zurück auf die Bühne zum Präsidium.

Wir hatten gerade Platz genommen, da erlosch das Licht und ein Strahlenbündel glitt aus dem Filmvorführraum über unsere Köpfe hinweg. Heilige Muttergottes, der Film begann, und wir hockten da wie die Idioten!

Ich machte Anstalten, aufzustehen und zu gehen, doch ich saß genau in der Mitte, und weder links noch rechts von mir rührte sich einer vom Fleck. Auch im Saal fand niemand etwas Komisches daran, keiner machte eine Bemerkung. Unser Volk ist eben an alles gewöhnt. Wenn da dreißig Mann mit dem Rücken zur Leinwand sitzen und ein Komitee bilden, dann heißt das, daß es so sein muß. Bei der Filmvorführung stört es nicht, die Leinwand ist ja weiter oben angebracht.

Im Halbdunkel sehe ich, wie meine Nachbarn ruhig dasitzen und mit wichtiger Miene in den dunklen Saal schauen. Zur Leinwand wendet sich keiner um. Einige machen aus alter Gewohnheit Notizen – im Finstern, nur nach Gefühl. Was es da wohl mitzuschreiben gibt?

Ein italienischer Film läuft: «Die Mutter und der Held.» Ich weiß vom Plakat her, daß er diesen Titel hat, und daß es ein italienischer ist, errate ich an den Namen. Der Held heißt, wie ich höre, Giuseppe, und seine Frau nennt er Frigida. Kinder haben sie, dem Lärm nach zu urteilen, mindestens ein Dutzend. Kein Wunder, daß die Mutter bei so einem Leben Rauschgift nascht.

Natürlich ist das, was ich von dem Streifen mitkriege, nur sehr oberflächlich. Ich kann ihn ja nicht sehen und beziehe meine Eindrücke lediglich aus den Dialogen und dem Geschrei.

Daß ich allerdings auch sonst nichts sehe, kann ich nicht behaupten. Nach zehn Minuten habe ich mich an die Dunkelheit gewöhnt und kann im Saal dies und das unterscheiden. Da gibt es tatsächlich allerhand zu sehen! Viktor Bubenzow aus unserer Brigade hält die Tamara Gurjanowa umschlungen und flüstert ihr was ins Ohr. Was er flüstert, kann ich natürlich nicht hören, zumal Giuseppe mir viel näher ist als Bubenzow und viel lauter flüstert. Wem er etwas zuraunt, ist mir allerdings unklar. Offenbar hat er sich eine Geliebte zugelegt, kein Wunder bei diesem Höllenweib Frigida. Ich sehe das eine und höre das andere, das reinste Irrenhaus!

Doch plötzlich bricht alles ab. Im Saal wird gepfiffen, getrampelt, das Licht geht an. Interessant ist, daß sich auch nicht einer um uns, um das Präsidium, schert. Im Gegenteil, alle wenden sich um und drohen dem Filmvorführer mit Fäusten. Nur Bubenzow nicht. Er nimmt die Hand von Tamaras Schulter, blickt zur Bühne und zwinkert mir frech zu, was besagen soll: Siehst du, das hast du davon, daß du deine Norm übererfüllt hast – jetzt hockst du dort oben und hast weder etwas von dem italienischen Film noch von Tamara!

Ich richte den Blick auf die neben mir Sitzenden und bedeute ihnen mit einer Kopfbewegung in Richtung Leinwand, daß jetzt der günstigste Augenblick sei, von der Bühne zu verschwinden. Doch keiner rührt sich. Wie könnten sie auch – es folgt ja noch die Abstimmung über die Resolution! Ich allein bin in Sitzungssachen noch ein grüner Junge; die anderen haben sich ein halbes Leben lang in solchen Präsidien herumgedrückt, die bringt so leicht nichts aus der Fassung. Schon gar nicht jetzt, da sie sehen, daß der Versammlungsleiter Trofimow die Lage erfaßt hat. Mit dem Bleistift klopft er gegen das Mikrofon und ruft die Anwesenden zur Ordnung.

«Die Filmrolle wird wieder eingelegt», sagt er. «Es geht weiter!»

Kaum ist es wieder dunkel, tritt im Saal unverzügliche Ruhe ein. Nervös bin nur noch ich. Jetzt brauchen meine Augen wieder mindestens zehn Minuten, bis sie in der Finsternis was erkennen können, und in dieser Zeit schafft der schamlose Bubenzow zweifelsohne mehr als der ach so temperamentvolle Giuseppe in anderthalb Filmstunden!

Von wegen anderthalb Stunden – schön wär's! fällt mir siedendheiß ein. Der Film ist doch zweiteilig ... Vor Ärger wird mir vollends schwarz vor Augen. Zwanzig Minuten sind bereits vergangen, Tamaras weißes Kleid kann ich sehen, nicht aber Bubenzows Pranke. Wo hat er die? Ist das nun als Glasnost zu bewerten, daß er sich so unverschämt offen an die Gurjanowa ranmacht? Wo hat er seine Hand, verdammt noch mal?

Unruhig rutsche ich hin und her, es muß etwas geschehen ... Ich spüre mehr, als ich es sehe, daß der erste Teil zu Ende ist. Rasch erhebe ich mich, recke mich zum Mikrofon und erkläre laut:

«Genossen! Aus dem Saal ist soeben eine Wortmeldung eingegangen, und zwar von dem Schweißer Viktor Bubenzow. Er besteht darauf, daß wir uns an die Tagesordnung halten. Ein berechtigter Hinweis! Es ist an der Zeit, Schluß zu machen! Wer dafür ist, daß wir uns diesen überlangen ausländischen Schinken nicht weiter ansehen, den bitte ich um das Handzeichen.»

Der Filmvorführer schaltet vor Schreck das Oberlicht an, ich hebe als erster die Hand, und das ganze Präsidium folgt automatisch meinem Beispiel, ohne das Ganze zu begreifen. Was bleibt den anderen übrig? Was spielt es für eine Rolle, daß der Film ihnen gefällt? In unserem Werk ist es üblich, schön einstimmig dem Präsidium zu folgen.

Auch Bubenzow hebt artig die Hand. Endlich kann ich sie sehen. Ganz offen und ehrlich!

*Leonid Trejer*

# Das Rätsel des Diplomatenkoffers

Als Scharikow fünfzig wurde, schenkten ihm die Kollegen einen Diplomatenkoffer. Das kostbare Stück – echtes Leder, feinster Import – war an den Ecken mit goldfarbenem Metall eingefaßt, besaß zwei Code-Schlösser und kostete sechzig Rubel.

Was Scharikow mit dem teuren Geschenk anfangen sollte, wußte er, offen gesagt, nicht. Das Köfferchen schien ihm von Gott selbst dazu auserkoren, diplomatische Beglaubigungsschreiben, Verträge und ähnliche wichtige Unterlagen aufzunehmen. Wäre Scharikow ein großer Chef mit Dienstwagen gewesen – nun gut, doch er bekleidete nur einen bescheidenen Posten, wenn auch immerhin in einem Büro. Zur Arbeit fuhr er mit dem Bus, und der war meistens so überfüllt, daß er nicht dort einstieg, wo er eigentlich wollte, sondern dort, wo es ihm gelang. Trotzdem, an den Koffer, der übrigens von kaum jemandem beachtet wurde, gewöhnte er sich allmählich.

Das einzige, woran er sich nicht gewöhnen konnte, war die Codierung des Verschlusses, für die im Grunde keinerlei Notwendigkeit bestand, da der Koffer in der Regel außer einem Leinenbeutel für Einkäufe nichts enthielt.

Eines Tages aber wurde Scharikow als Delegierter zu einer Gewerkschaftskonferenz entsandt. Nach dem dritten Redner fiel er in einen Zustand der Anabiose, aus dem er erst vor der Pause wieder erwachte. Er begab sich zum Büfett. Die Delegierten schlangen gierig Butterbrote mit Wurst und Schinken hinunter und labten sich an alkoholfreien Getränken. Scharikow tat es ihnen gleich und beschloß, auch seine Familie teilhaben zu lassen. Als das Gedränge ein wenig nachließ, trat er unvermittelt vor und wies mit einer Verlegenheit, als verlange er ein Verhütungsmittel, auf die belegten Brote.

«Ich möchte bitte zehn davon ... Mit Schinken ...»

Das Fräulein vom Büfett, das den treusorgenden Familienvater in ihm erriet, fragte verständnisvoll: «Soll ich nicht gleich ein Kilo für Sie abwiegen?»

«O ja!» antwortete Scharikow erfreut.

Er nahm das Päckchen entgegen und tat es in die Leinentasche. Doch mit dem Beutel in den Saal zurückzukehren, wäre peinlich gewesen, und so verstaute er ihn im Diplomatenkoffer und gab, gehetzt vom letzten Klingelzeichen, eine Codenummer in die Schlösser ein: Der Inhalt des Köfferchens war ihm zum ersten Mal erhöhte Sicherheit wert.

Nach Hause zurückgekehrt, stellte er den Diplomatenkoffer vor seiner Gattin auf und sagte: «Rate mal, was drin ist.»

Die Frau drehte gerade Fleischreste durch den Wolf und hatte keine Lust, Rätsel zu lösen.

«Achtung!» sagte Scharikow und drückte auf die Schlösser. Die Verschlüsse rührten sich nicht. Da fiel ihm ein, daß er sie ja verschlüsselt hatte, und ihm wurde eiskalt: Der Code, den er am Büfett in aller Eile gewählt hatte, war wie weggeblasen. Die Frau sah sein Gesicht und fragte besorgt, was denn im Koffer drin sei.

«Schinken ist drin», gab Scharikow verstört zur Antwort, «aber ich hab den Code vergessen.»

Die Frau beugte sich über das Köfferchen und schnupperte. «Denk einfach an was anderes», riet sie ihm, «dann fällt's dir wieder ein.»

Doch Scharikow konnte an nichts anderes denken. Hastig aß er zu Abend und setzte sich dann hin, um den Code herauszufinden. Er gab sein Geburtsdatum ein – vergebens. Er wählte das Geburtsjahr seiner Frau, das der Kinder, sein Hochzeitsjahr, das Jahr, in dem er das Studium abgeschlossen hatte – Fehlanzeige.

Von den Höhepunkten des Familienlebens ging er zu weniger bedeutsamen Daten über. Im Jahre 39 war er als Fünfjähriger von einem Scheunendach gestürzt, ohne dabei Schaden zu nehmen. Im achtundsechziger Jahr hatte er einen acht Kilo schweren Zander gefangen (davon gab es sogar ein Foto). 1974 hatte er in der Lotterie einen Schirm gewonnen, und vier Jahre später, im Urlaub in Feodossija, hatte er mit einer Krankenschwester angebändelt, ohne Schaden für den Bestand der Familie.

Bedauerlicherweise konnte er keine weiteren interessanten Fakten aus seinem Leben zusammenkratzen, also blieb ihm nur noch übrig, sich die Nummern der jeweiligen Häuser und Wohnungen in Erinnerung zu rufen, in denen er gewohnt hatte. Auch andere Zahlen schwirrten ihm im Kopf herum – die Rückennummern bekannter Fußballer, die Liniennummern der Busse, mit denen er zur Arbeit fuhr. Er kombinierte sie mal so, mal so, um auf die vierstellige Zahl des Codes zu kommen, und brütete über den Schlössern bis in die tiefe Nacht. Die Zahlen tanzten ihm schon vor den Augen, doch aufhören kam nicht in Frage: Der September war warm, und Schinken verdirbt schnell ...

Am Morgen fand ihn die Frau schlafend im Sessel, den Diplomatenkoffer auf den Knien.

«Wolodja», sagte sie mitfühlend, «brich die Schlösser auf, zum Teufel!»

«Es wäre schade um den teuren Koffer. Wir sind keine Millionäre», widersprach Scharikow. «Noch haben wir ein bißchen Zeit.»

Eine Stunde später saß er bereits an seinem Arbeitsplatz, das Köfferchen vor sich auf dem Schreibtisch, und drehte geduldig an den Knöpfen der Verschlüsse. Seine Abteilung war dafür zuständig, daß die Konservenfabriken termingerecht die Produktionskennziffern weiterleiteten. Die Arbeit hatte den Vorzug, daß das Gehalt unverändert blieb, auch wenn es wenig zu tun gab. Außerdem befanden sich die meisten Konservenfabriken in besonders schönen Gegenden, und Dienstreisen dorthin waren nicht zu verachten.

Zwei Tage und zwei Nächte lang bemühte sich Scharikow vergeblich um den Diplomatenkoffer. Am dritten Tag, nach der Mittagspause, nahm er einen aufdringlichen Geruch wahr, der von dem Ding ausging. Bald merkten auch die Kollegen, daß etwas nicht stimmte. Saprjagajew atmete hörbar durch und musterte die anderen. Die Klimkina verzog das Gesicht, holte aus einer Schublade Parfüm hervor, befeuchtete einen Finger und betupfte sich die Partie hinter den Ohren. Der wohlerzogene Gostew mit dem vornehmen Bärtchen tat zwar so, als wittere er nicht das geringste, doch seine Nüstern blähten sich unwillkürlich. Die Tussejewa sagte leise: «Ein entsetzlicher Mief!», hob ein Tüchlein an die Nase und entschwand. Nur der düstere Wolowik mit seinem schwach entwickelten Geruchssinn aß ungerührt eine Birne. Nach einer Weile zuckte er jedoch zusammen, hielt im Kauen inne und sah unter den Tisch.

«Meines Erachtens ist hier irgendwo eine Maus verreckt!» sagte Saprjagajew, beugte sich zum Fußboden hinab und ging dem Geruch nach wie ein Spürhund. Die Kollegen blickten ihm gespannt hinterher. An Scharikows Schreibtisch verharrte er, dann tippte er mit dem Finger auf das Köfferchen und sagte: «Das kommt von hier.»

Scharikow erwartete, daß man ihn zusammen mit seinem Diplomatenkoffer an die Luft befördern würde, aber die Kollegen verhielten sich taktvoll und mitfühlend, nachdem sie von seinem Mißgeschick erfahren hatten. Sie rissen als erstes das Fenster auf und schalteten den Ventilator ein. Sie beschwichtigten die Tussejewa und schickten sie in eine Reparaturwerkstatt für Koffer, um Erkundigungen einzuziehen, was in solchen Fällen zu tun sei. Saprjagajew begab sich ins Rechenzentrum, um in Erfahrung zu bringen, wieviel Zeit es kosten würde, alle Zahlenkombinationen durchzugehen. Der Klimkina fiel ein, daß in ihrem Haus ein ehemaliger Safeknacker wohnt. Sie fuhr sogleich zu ihm, um sich beraten zu lassen. Wolowik drehte an den Rädchen der Verschlüsse und gab die Geburtsdaten großer Politiker ein. Gostew nahm sich Scharikow vor:

«Die vergessene Zahlenkombination muß man im Unterbewußtsein suchen», versicherte er. «Versuch dich zu erinnern, was dich im frühen Kindesalter erschreckt hat.»

Scharikow legte angestrengt die Stirn in Falten.

«Hat vielleicht der Vater die Mutter in deiner Gegenwart geschlagen?»

«Wo denkst du hin! Er hat sie nie angerührt.»

«Könnte es sein, daß du gerade an der Mutterbrust lagst und es in diesem Moment blitzte?»

«Möglich, mir ist so ...»

«Na also!» Gostew freute sich. «Der Blitz hat vielleicht den Wandkalender erhellt, den Wecker oder andere Gegenstände mit Ziffern. Erinnere dich! In deinem Unterbewußtsein müssen irgendwelche Zahlen haftengeblieben sein. Der Blitz, der Schreck – und die Zahlen!»

«An einen Blitz entsinne ich mich, aber an Zahlen nicht», entgegnete Scharikow schuldbewußt.

Sie wurden durch einen Anruf unterbrochen. Aus dem fernen Bobrjansk schrie eine Stimme mit kaukasischem Akzent in den Hörer: «Weintrauben, Spitzenqualität! Sechs Waggons! Die Fabrik nimmt sie mir nicht ab! Wofür habe ich einen Vertrag mit denen abgeschlossen? Verstehst du mich überhaupt?»

«Ja, hab verstanden», sagte Gostew, «aber jetzt muß ich erst was ganz Dringendes erledigen, eine Sache, die keinen Aufschub duldet. Ruf morgen wieder an!»

Am folgenden Tag kamen alle überraschend pünktlich zum Dienst. Scharikow, der wieder die ganze Nacht über dem Koffer gebrütet hatte, schlief sofort ein. Die anderen tauschten sich aus. Die Tussejewa erzählte, wie man sie in der Werkstatt angebrüllt hatte. Die Klimkina berichtete von dem Treff mit dem ehemaligen Geldschrankknacker. Der hatte die Safes mit dem Schweißapparat geöffnet, was im gegebenen Fall nicht in Frage kam. Saprjagajew machte die Kollegen mit dem Ergebnis der Berechnungen des Rechenzentrums bekannt: Achtzehn Arbeitstage wären erforderlich, um sämtliche Zahlenkombinationen auszuprobieren.

«Na und? Wenn's sein muß, dann müssen wir das eben tun!» meinte Gostew.

Noch nie hatte es in der Abteilung eine solche Einmütigkeit und Zielstrebigkeit gegeben. Freilich störten dabei die ständigen Anrufe. Besonders lästig war der Kaukasier, der mit seinen Weintrauben in Bobrjansk festsaß. Man wollte das Telefon schon abstellen, ließ es dann aber sein, denn die Zentrale hätte ja anrufen können. Die Tussejewa wurde zum Telefondienst abkommandiert. Sobald Ferngespräche kamen, antwortete sie mit Roboterstimme: «Kein Anschluß unter dieser Nummer ... Kein Anschluß unter dieser Nummer ... Kein Anschluß unter ...»

Durchaus möglich, daß man laut Prognose des Rechenzentrums spätestens nach achtzehn Tagen den Koffer geöffnet hätte. Der Erfolg trat indes viel früher ein.

Am fünften Tag erreichte der schwere Geruch das Arbeitszimmer Donzews. Der Abteilungsleiter stellte auf alle Fälle erst einmal das Atmen ein, vollführte einen Satz und fand sich im Flur wieder. Dortselbst stellte er fest, daß der Gestank durch die Ritzen der benachbarten Tür drang. Die zersetzen sich wohl schon, dachte er und trat entschlossen ins Zimmer. Von dem Anblick, der sich ihm bot, war er außerordentlich überrascht: Die Angestellten registrierten sein Erscheinen ohne jede Panik. Sie erklärten ihrem Chef, was Scharikow widerfahren war, und der Vorgesetzte, ein verständnisvoller Mensch, sah für Vorhaltungen keinerlei Grund. Schließlich taten die Leute ja ihr Bestes.

Wolowik bot dem Chef eine Gasmaske an, der aber lehnte ab. Er nahm das Köfferchen in die Hand, studierte eine Minute lang die Schlösser und bewegte dann die Knöpfe mit den Ziffern. Die Untergebenen umringten ihn in ehrerbietigem Schweigen.

Ob Donzew mit System vorgegangen war oder ob ihm einfach das Glück lachte – wichtig allein war das Resultat, das bewies, daß er zu Recht die Abteilung leitete: Beim dritten Versuch ertönte ein Klicken, und der Diplomatenkoffer öffnete sich.

Die Angestellten bereiteten dem Chef eine wahre Ovation. Scharikow, der die Augen nicht von den Ziffern des Schlosses wandte, murmelte erschüttert: «Null – vier – fünf – sieben.» Wie Schuppen fiel es ihm von den Augen: Das war genau die Summe, die er für den Schinken bezahlt hatte – vier Rubel und siebenundfünfzig Kopeken! Donnerwetter, hatte sich der gute Donzew etwa ebenfalls ein Kilo davon einpacken lassen?

Der Leinenbeutel mit dem stinkenden Etwas, das einmal ein Schinken gewesen war, wurde aus dem Fenster geschleudert wie eine Handgranate. Eine Krähe wollte sich darüber hermachen, wich aber angeekelt zurück und flog mit heiserem Krächzen von dannen.

Donzew, der wieder einmal seine Autorität gefestigt hatte, entfernte sich mit dem Gefühl, seine Pflicht getan zu haben. Bis zum wohlverdienten Feierabend herrschte in der Abteilung gehobene Stimmung. Auch die telegrafische Mitteilung, im fernen Bobrjansk seien sechs Waggons Weintrauben verdorben, nahm sich vor dem Hintergrund des allgemeinen Sieges so unwichtig aus, daß man ihr nicht die geringste Beachtung schenkte.

*Mark Wilenski*

# Ein Opfer der Mode

Vor einigen Jahren trug ein Schriftsteller seinen neuesten Kurzroman in eine Zeitschriftenredaktion.

«Na, dann wolln wir mal 'ne Stichprobe machen», sagte der Redakteur lächelnd. Er schlug aufs Geratewohl das Manuskript auf und begann auf Seite hundertachtundvierzig murmelnd zu lesen:

«Weiche Schneeflocken fielen vom grauen Himmel. Agrippina Mitrofanowna bereitete das Abendbrot. Die Tür klappte, die Söhne stürmten herein. Der Mittelschüler Serjoscha brachte das Brüderchen Vitjuscha aus dem Kindergarten mit.

‹Mutter, ich hab vielleicht einen Kohldampf!› rief Serjoscha und streckte seine schmutzige Hand mit Trauerrändern unter den Nägeln nach einem Brotkanten auf dem Tisch aus.

‹Wasch dir erst mal die Hände, und mach deine Nägel sauber!› zeterte die Mutter.

‹Wo ist denn Papa?› wollte Vitjuscha wissen.

‹Er ist Abziehbilder für dich kaufen gegangen, weil du so brav gewesen bist.›

‹Hurra!› jubelte Vitjuscha.»

Der Redakteur brach sein Gemurmel ab und sagte: «Oje, das geht nicht. Das trifft es nicht, mein Bester, das ist untypisch.»

«Aber Sie haben doch noch gar nicht . . .», brauste der Autor auf.

«Langsam, langsam . . . Schon die alten Griechen wußten: ‹Um festzustellen, daß das Meerwasser salzig schmeckt, muß man nicht den ganzen Ozean auslöffeln.› Allein diese Passage hier genügt vollauf, um zu beweisen, daß Sie ein Schwarzmaler sind. Ja, ja, sehen Sie mich nicht an wie ein tollwütiger Wolf. Ich werde es Ihnen beweisen.

‹Grauer Himmel!› Ist das etwa typisch für unsere Gegend? Der Himmel muß blau, veilchenblau sein, mit hingetupften rosa Federwölkchen, angestrahlt von der hinter dem cremefarbenen Häusermassiv der Neubausiedlung untergehenden glutroten, milden Sonne. Ich zwinge Ihnen natürlich nichts auf, ich gebe lediglich die notwendige Dur-Tonart vor. Weiter also: Was sollen die schmutzigen Hände mit den Trauerrändern? Die Feder müßte sich Ihnen sträuben! Sie schreiben über die junge Garde unserer Arbeiterklasse, als sei sie das bedauernswerte Opfer eines Ausbeutersystems. Der Junge in Ihrem Buch greift gierig nach einem Brotkanten. Als ob unsere Kinder in der Schule kein kalorienreiches Essen bekämen! Außerdem dulden wir keine Verunreinigung unserer Sprache durch Vulgarismen wie ‹Kohldampf›. Der Sohn hat die Mutter gefälligst mit sauberen Händen zu umarmen und ihr sogleich seine Hilfe im Haushalt anzubieten. Zum Beispiel: ‹Möchtest du, liebe Mama, daß ich eben mal die Decke weißele oder den Fußboden im Wohnzimmer bohnere?› Und dann der Vater. Abziehbildchen will er kaufen, sieh einer an. Da lachen ja die Hühner! Wo ist das Mitreißende, wo die seelische Größe, wo unser materieller Wohlstand? Der Vater hat seinem Jüngsten eine elektrische Eisenbahn zu kaufen, ein Rennrad und die gesammelten Märchen der Brüder Grimm. Mindestens! Ich will Ihrer schöpferischen Phantasie keine Fesseln anlegen, aber Sie müssen begreifen: Die Tonart ist wichtig! Also gehen Sie und arbeiten Sie das um!»

«Ist das Ihr Ernst?» fragte der Autor tonlos.

«Absolut. Unsere Zeitschrift will mit Schwarzmalerei der Wirklichkeit nichts zu tun haben.»

Zorn und Tränen blitzten in den Augen des Autors auf.

Er klemmte das Manuskript unter den Arm und ging gebeugt von dannen.

Einige Jahre waren verstrichen, da brachte derselbe Autor dasselbe Manuskript zur selben Zeitschriftenredaktion. Ohne auch nur ein Komma geändert zu haben. Derselbe Redakteur rekelte sich im Sessel.

«Tag!» sagte der Autor und fuhr sich durch das gelichtete Haar. «Ich möchte Ihnen noch mal diesen Kurzroman vorlegen, Sie erinnern sich vielleicht ...»

«An Sie erinnere ich mich, doch Ihr Roman ist mir, Sie müssen schon entschuldigen, entfallen», antwortete der leicht ergraute Redakteur. «Also wollen wir ihm mal auf den Zahn fühlen, wie man so sagt.»

Der Redakteur blätterte im Manuskript und schlug – kaum zu glauben – wieder die unglückselige Seite hundertachtundvierzig auf.

«Ah», machte er. «Jetzt erkenne ich's wieder. Weiche Schneeflocken, grauer Himmel. ‹Ich hab Kohldampf, Mutter!›, das Kindergartenkind Vitjuscha, die Abziehbilder ... Hören Sie mal, schämen Sie sich eigentlich nicht? Das zeugt doch von einem kindlichen Gemüt. Griesbrei mit Pflaumenkompott. Vom ersten bis zum letzten Wort eine einzige schamlose Schönfärberei!»

«Schönfärberei?» Der Autor verstand nicht recht. «Wie ... wie wäre es denn nun richtig?»

«Ich bin kein Schrifsteller, sondern nur Redakteur. Ich kann lediglich die ungefähre Tonart und das Kolorit angeben, sozusagen den Kammerton anschlagen ... Nehmen wir zuerst die Landschaft: ‹Finstere, schwarze Wolken hängen schwer über der Stadt. Krähen mit nassem Gefieder krächzen. Der Sohn Sergej tritt ein, trübe Augen, grünliche, picklige Wangen, zerlumpte Kleidung. ‚Wieder mal high?' fragt die Mutter. ‚Spritze oder Haschisch?' – ‚Geht dich nichts an, Alte!' Nach einer widerlichen Schimpftirade läßt sich der Sohn auf die durchgesessene Couch fallen. Der bleiche Arm voller Einstichstellen, wie von Mückenstichen übersät, hängt auf den schmutzigen, seit langem nicht mehr gefegten Fußboden herab. ,Wo ist Vitjuscha?' fragt die Mutter – ,Nöl mich nicht voll. Dein Bastard ist gut aufgehoben.' Sergej fischt unter der Couch nach einer Flasche Gesichtswasser. ,Hast du wieder alles allein gesoffen?' Er zielt mit der Flasche nach dem Kopf der Mutter und trifft sie an der Schläfe. In diesem Moment tritt der Milizionär Suschkin ein, den verheulten Vitjuscha an der Hand. Suschkin teilt mit, das Kind sei vom großen Bruder auf dem Bahnhof in ein Gepäckschließfach gesteckt worden. Man habe es aufschweißen müssen. Der Milizionär befiehlt Sergej, ihm zu folgen. Die Mutter lamentiert: ,Verzeihen Sie ihm, Väterchen! Er ist doch mein Erstgeborener. Serjoschenka, mein Kindchen!'›

Nun, und in diesem Sinne muß es weitergehen», schloß der Redakteur selbstzufrieden.

«Und der Vater, der Vitjuscha die Abziehbilder bringt?» fragte der erschütterte Autor stockend.

«Den gibt's nicht mehr. Dieser rückfällige Alkoholiker hat den Wächter eines Spirituosenlagers mit dem Beil niedergeschlagen und die gerechte Strafe dafür bekommen. Klar?»

«Nein!» Der Autor richtet sich auf. «Ich habe nicht die Absicht, den Lesern die Köpfe mit solchen Abscheulichkeiten zu verkleistern. Belletristik bedeutet, damit Sie's wissen, *belles-lettres*, schönes Schrifttum, wie die Franzosen sagen. Es ist dazu da, die Menschen zu läutern, zu veredeln.»

«Regen Sie sich ab, Verehrtester. Verstehen Sie bitte auch uns: Wir möchten nicht, daß unsere Zeitschrift als konservatives, altmodisches und feiges Blatt gilt. Wir wollen die früher unerforschten Schichten des Lebens aufbrechen.»

«So wie man ein Furunkel aufsticht», versetzte der

Autor grob und verletzte damit die seinem Herzen so teuren Grundsätze der schönen Literatur, nur schöne Bilder zu gebrauchen.

Mit beiden Händen griff er nach seiner Mappe, Zorn und Tränen blitzten in seinen Augen.

Wohin damit, fragte er sich, wohin mit dem schönen Schrifttum?

*Grigori Gorin*

# Schluß mit den Märchen!

Sehr geehrte Redaktion der «Literaturzeitung»!
Ich habe mir im Fernsehen zum zweiten Mal das «Märchen vom Schützen Fedot, dem kühnen Helden» angesehen, verfaßt von dem begabten Dichter Leonid Filatow und hinreißend gespielt von dem begabten Schauspieler Filat Leonidow. Über die beiden Hauptfiguren, den dummen Zaren und den unbedarften General, habe ich zuerst wieder von Herzen gelacht, aber dann befielen mich Zweifel, ob ich richtig lache. Denn ein Märchen ist bekanntermaßen eine Lüge, und außerdem steckt es voller Anspielungen. Die Zeit der Lügen ist indessen vorbei, und wozu haben wir heute noch Anspielungen und unausgesprochene Gedanken nötig? Ist es nicht einfacher, präzise und konkret zu benennen, wer gemeint ist: Breschnew, Tschernenko oder wer auch immer? Und wen soll eigentlich die Hexe Baba Jaga vorstellen, diese böse Intrigantin? Doch nicht etwa Lyssenko?*

Ich war ganz durcheinander, und da kam mir der Gedanke, der vielleicht schreckliche Gedanke, ob wir in unserer stürmischen Zeit der Glasnost, der neuen Offenheit, überhaupt noch solche allegorischen und satirischen Märchen brauchen. Ist die sinnbildliche, doppeldeutige Sprache eines Äsop nicht ein Rudiment der zum Glück verflossenen Stagnationsperiode, als wir geniale Fertig-

* Agrobiologe der Stalinära, mitschuldig an der Verfolgung namhafter Wissenschaftler.

keiten entwickelt hatten, zwischen den Zeilen zu lesen und Unausgesprochenes zu erraten? Ist es nicht an der Zeit, uns entschieden loszusagen von dieser nach Saltykow-Schtschedrins treffenden Worten «sklavischen Manier, uns beim Schreiben hintersinniger Formulierungen, listiger Andeutungen, archaischer Sinnbilder und anderer Mittel der Täuschung zu bedienen»?

Doch dann nahm ich die Literaturzeitschrift «Junost» zur Hand und las darin das «Märchen vom Schützen Fedot... nach Motiven der russischen Folklore», und wieder mußte ich unwillkürlich lachen.

Da kam mir der noch schrecklichere Gedanke, dieses Märchen könnte nicht nur von der Vergangenheit handeln, sondern auch von der Gegenwart und möglicherweise von Zukünftigem, denn keine Perestroika kann uns für immer von allen Dummköpfen, Tyrannen, Intriganten befreien. Und wenn das so ist, dann haben Märchen, Parabeln und alle sonstigen Allegorien gemäß den noch treffenderen Worten Saltykow-Schtschedrins «weiterhin Chancen, verständlicher und überzeugender und, was das wichtigste ist, anziehender zu sein als die verständlichste und überzeugendste Rede».

Diese Gedanken kamen mir also bei dem «Märchen vom Schützen Fedot». Ob nur ich allein so denke, weiß ich nicht, weil ich in unseren satirischen Zeitschriften nicht eine einzige vernünftige Kritik über diese bemerkenswerte Arbeit entdecken konnte. Woran mag das liegen? Vielleicht daran, daß der Autor nicht Mitglied des Schriftstellerverbandes ist und Rezensionen nur Gewerkschaftsmitglieder zu lesen bekommen?

Oder wollen uns die Kritiker auf diese Weise, durch Nicht-Kritik, das völlig selbständige Denken lehren? Dann herzlichen Dank! Das Märchen ist ja wirklich populär geworden, es wird von vielen Laienspieltheatern aufgeführt und stets mit Erfolg. Der Zuschauer und der Leser haben also die wunderbare Möglichkeit, ihr Urteilsvermögen, ihren literarischen Geschmack und ihre Auffassung von Märchen und Wahrheit ganz unbeeinflußt zu perestroikisieren. Mit einem Wort, wie der Held Fedot sagt:

Was unseren Verstand betrifft,
so sind wir äußerst helle:
Veilchenduft unterscheiden wir
von Mistgestank auf der Stelle!

Mit diesem allegorischen Vers erlaube ich mir zu schließen.

Hochachtungsvoll G. Gorin

*Nikolai Jelin / Wladimir Kaschajew*

# Der Stuhl

Nikolai Fjodorowitsch Sidorow brachte einen sehr schönen antiken Stuhl mit nach Hause. Von oben bis unten handgeschnitzt, der Bezug aus Samt. Ein Gedicht von einem Stuhl! Wäre Nikolai Fjodorowitsch nicht absolut sicher gewesen, daß der Stuhl aus seiner Dienststelle stammte, er hätte geglaubt, er sei aus einem Theater oder aus einem Schloß. Vielleicht sogar aus einem Museum. Während er ihn in die vierte Etage schleppte, wurde er von mindestens drei verschiedenen Leuten angesprochen, die wissen wollten, woher er das gute Stück habe. Nikolai Fjodorowitsch indes ließ sich auf keine Unterhaltung ein, trug den Stuhl in seine Wohnung, setzte ihn neben dem Schreibtisch ab, den er ebenfalls von seiner Arbeitsstelle hatte mitgehen lassen, und schaltete das Licht an, um seine Wirkung zu genießen. Er trat drei Schritte zurück, setzte die Brille auf und stieß einen erschreckten Ruf aus: Auf dem Stuhl saß sein Arbeitskollege Pupkow. Er hatte es sich auf dem Stuhl bequem gemacht und schlief, den Kopf auf die Brust gesenkt, wobei er ab und zu schmatzte und im Traum irgendwie spöttisch grinste.

Sidorows Frau trat ins Zimmer. Sie warf einen Blick auf die Neuanschaffung und sagte vorwurfsvoll:

«Kannst du mir verraten, was das bedeuten soll? Was hast du bloß wieder angeschleppt?»

«Das ist unser Oberingenieur Pupkow», erklärte ihr Mann schuldbewußt. «Ich habe heute die Brille zu Hause vergessen, meine Liebe, daher habe ich ihn im Dunkeln nicht bemerkt. Hab mich nur gewundert, daß der Stuhl so schwer war.»

«Der Kerl sieht irgendwie schäbig aus», meinte die Ehefrau verdrossen. «Verdirbt uns das ganze Interieur. Am besten, du schaffst ihn auf die Straße, solange er noch schläft. Leg ihn irgendwo im Gebüsch ab, oder setz ihn in eine Straßenbahn. Soll er ein bißchen spazierenfahren.»

Sidorow wollte etwas entgegnen, doch da nieste Pupkow plötzlich und streckte sich genüßlich.

«Wie spät?» fragte Sidorow erschrocken.

«Drei Minuten vor sechs», antwortete seine Frau.

«Entsetzlich!» flüsterte Sidorow. «Um sechs ist bei uns Feierabend – in drei Minuten wacht Pupkow also vollends auf. Ihn hinauszutragen schaffen wir nicht mehr. Wir müssen uns verstecken, sonst wird's peinlich.»

Er schlüpfte in den Wandschrank. Seine Gattin – ansonsten eine seriöse Frau – postierte sich hinter der Übergardine. Gerade noch rechtzeitig! Pupkow nieste abermals und erwachte. Er rieb sich die Augen und sah auf die Uhr.

«Ach herrje», brummte er, «daß ich mich so lange aufgehalten habe! Schon zwei nach sechs. Die anderen sind längst weg. Nur ich sitze immer bis in die Puppen hier herum!»

Er erhob sich, sah sich erstaunt um und wiegte vorwurfsvoll den Kopf. «Verflixt, schon wieder sind wir in eine andere Abteilung umgezogen! Diese dauernden Umstrukturierungen hängen mir zum Hals heraus! Neuerdings geben sie uns nicht einmal mehr Bescheid. Keinerlei Rücksicht nimmt man auf die werktätigen Menschen!»

Er knallte die Tür hinter sich zu. Sidorow kroch aufatmend aus dem Schrank und wischte den Stuhl ab.

«Kannst dich wieder zeigen, Sina», sagte er laut. «Alles in Ordnung! Siehst du, wie wir diesen Bürokraten ausgetrickst haben! Jetzt gehört der Stuhl uns! Mir scheint, er paßt sehr gut ins Zimmer!»

Die Frau trat hinter der Gardine hervor, betrachtete mit Entzücken den Stuhl und probierte ihn sogar aus.

«Ein schönes Stück!» meinte sie. «Eine Augenweide! Ich werde einen Schonbezug für ihn nähen.»

Zufrieden begab sie sich in die Küche, um das Abendbrot zu bereiten.

In dieser Nacht träumte Sidorow bis zum Morgen von Schlössern, Kutschen, kostbaren Pelzen. Fast hätte er verschlafen. Abgehetzt kam er ins Büro, setzte sich an den Tisch, breitete die Papiere aus und wendete sie der Reihe nach um. Dann nahm er sich seine Butterbrote vor. Er hatte noch nicht die dritte Schnitte verzehrt, als man ihn ans Telefon rief:

«Hör mal!» sagte seine Frau mit aufgeregter Stimme in den Hörer. «Dieser Idiot Pupkow oder wie er heißt ist Punkt neun bei uns erschienen, hat sich auf unseren neuen Stuhl gesetzt, den Kopf auf den Schreibtisch gelegt und ist eingeschlafen, als wäre das normal. Was sagst du dazu?»

«Eine Unverschämtheit!» entgegnete Sidorow undeutlich, weil er noch ein Stück unzerkauter Wurst im Mund hatte. «Ich teile deine Empörung vollauf!»

«Was soll ich denn mit ihm machen? Vor die Tür bugsieren?»

«Lieber nicht», meinte Sidorow nach kurzer Überlegung. «Dann fliegt die Geschichte vielleicht auf, und ich muß am Ende noch diesen ... äh ... du weißt schon ... zurückgeben. Das möchte ich nicht, du verstehst. Der Schonbezug ist ja noch nicht mal genäht.»

«Aber was soll ich denn machen – den ganzen Tag zu Hause sitzen und aufpassen? Ich muß auf den Markt, dann zum Schneider.»

«Weißt du was, Sina», sagte Sidorow, «geh ruhig deine Besorgungen erledigen. Zum Teufel mit ihm, soll doch dieses Arbeitstier schuften. Schließ ihn ein und geh deiner Wege.»

«Geh deiner Wege! Und wenn er aufwacht und etwas klaut?»

«Nein, da kennst du ihn schlecht!» entgegnete Sidorow entschieden. «Er ist der ehrlichste Mensch, den man sich denken kann, die Lauterkeit selbst! Der schläft bis sechs durch, dafür bürge ich!»

Die Frau seufzte nervös und legte auf. Sidorow machte sich wieder an die Arbeit. Am Abend, als er nach Hause kam, war Pupkow bereits weg. Trotzdem war die Frau unzufrieden.

«Einen intelligenten Kollegen hast du, alle Achtung. Und so einer ist Oberingenieur! Sieht nicht, daß dies eine Privatwohnung ist und keine Dienststelle!»

«Er ist eben überhaupt nicht neugierig», erklärte Sidorow. «Solange man ihn in Frieden läßt, stellt er keinerlei Fragen. So ist nun mal sein Charakter.»

«Dann werde ich morgen früher das Haus verlassen und die Tür abschließen!» verkündete die Frau. «Er hat hier nichts zu suchen. Soll er doch spazierengehen!»

«Dann wird er unweigerlich Nachforschungen anstellen, bis er weiß, was los ist», widersprach Sidorow. «Ich habe dir schon gesagt, daß er eine ehrliche Haut ist. Wenn er seinen Arbeitsplatz nicht findet, verweigert er glatt die Annahme seines Gehalts! Zwecks Klärung wird er sich an die Leitung der Dienststelle wenden und eine Untersuchung beantragen. Nein, nein – nur das nicht! Lassen wir ihn lieber noch ein paar Tage bei uns schlafen. Inzwischen wird mir schon was einfallen. Sieh dir den Stuhl an, wie schön er ist! Einem solchen Stück zuliebe kann man schon etwas in Kauf nehmen.»

Die Frau hob die Schultern und schwieg. Am nächsten Morgen erschien Pupkow wieder pünktlich um neun. Er schlief zwar bis zum Abend, bevor er aber ging, aß er aus

Zerstreutheit das Hühnerkotelett auf, das die Frau zum Abendbrot zubereitet hatte. Am dritten Tag ging er zwar hungrig weg, setzte jedoch versehentlich Sidorows neuen Hut auf, für den dieser blutenden Herzens fünfzehn Rubel hingeblättert hatte.

Sidorow war verstimmt, beherrschte sich jedoch im Hinblick auf den Stuhl. Nachdem Pupkow aber am vierten Tag beim Einschlafen mit der Zigarette ein Loch in die Sidorowsche Importauslegeware gebrannt hatte, hielt es der Hausherr nicht mehr aus. Er ließ sich früher freigeben, betrachtete zum letzten Mal den Prunkstuhl, seufzte bitter auf, lud ihn sich zusammen mit dem schlafenden Pupkow auf den Rücken und schleppte ihn ächzend und schnaufend zurück in seine Dienststelle.

*Sergej Abramow*

# Die Roten sind wir!

## Eine Phantasmagorie

Umnow zog leicht das Lenkrad herum, nahm elegant die Kurve; der Fahrtwind drang ins Wageninnere, streifte das Gesicht, entwich aber gleich wieder hinaus in die Freiheit. Mit dem schnellen Umnow konnte er sich ohnehin nicht messen.

Ein angenehmes Fahren, dachte er weich gestimmt. Die Welt ist schön, ich habe eine Unmenge Zeit vor mir, den ganzen Urlaub. Der Wagen läuft über hundert, der Motor surrt wie ein Bienchen, es gibt doch noch glückliche Augenblicke im Leben . . .

Ein voreiliger Schluß, der auch prompt bestraft wurde. Aus einem gut getarnten Versteck im Gebüsch sprang unerwartet ein Milizionär hervor, schwenkte den gestreiften Stab und setzte Umnows ungetrübtem Glücksgefühl ein jähes Ende. Umnow trat verstimmt auf die Bremse, lenkte den Wagen fluchend an den Straßenrand, langte aus der Tasche die Fahrzeugpapiere, den Führerschein, seinen Journalistenausweis – für den Notfall – und stieg aus.

Der Wegelagerer war augenblicklich neben ihm.

«Verkehrsinspektor Bla-bla-bla», stellte er sich vor. «Die Papiere bitte.» Er tippte an den Mützenschirm, lächelte verbindlich, ließ den schönen goldenen Schneidezahn, die silbernen Schulterstücke eines Polizeihauptmanns und die geputzten Messingknöpfe blitzen.

Mit einem Wort – ein Heavy-Metal-Fan.

«Was liegt denn vor?» fragte Umnow leicht arrogant, aber nicht frech.

«Gar nichts, gar nichts. Nur eine Kontrolle zu statistischen Zwecken.» Er tippte abermals an den Mützenschirm, offenkundig zufrieden mit seiner Formulierung.

«Na, dann kontrollieren Sie mal.» Froh, daß seine Geschwindigkeitsüberschreitung unbemerkt geblieben war, reichte er Führerschein und Fahrzeugpapiere durchs Fenster. Den Journalistenausweis steckte er wieder weg.

Der Hauptmann studierte die Papiere eingehend, reichte sie dem Besitzer zurück und fragte liebenswürdig: «Haben Sie eine lange Fahrt vor sich, Andrej Nikolajewitsch?»

«Gen Süden», sagte Umnow beiläufig. «In wärmere Gefilde, Genosse Hauptmann. Dorthin, wo Kummer und Sorgen verfliegen und wo die Mandelbäume blühen.»

«Ein weiter Weg.» Der Uniformierte schien irritiert. «Wo werden Sie übernachten?»

«Wo der Herrgott es will.»

«Es geht bereits auf Abend zu.» Der Hauptmann lachte wieder anbiedernd. «Da sollte sich der Herrgott langsam etwas einfallen lassen.»

«Wird er schon. Noch ein Stündchen Fahrt, dann wird sich schon was finden.»

Umnow war verblüfft: Warum scharwenzelte der Vertreter einer immerhin respektablen Macht so um ihn herum? Wie zum Teufel kam er dazu, ihm unerbetene Ratschläge zu erteilen und sich in Dinge einzumischen, die ihn nichts angingen? Das gefiel Umnow nicht, daher fragte er trocken und sachlich: «Darf ich jetzt weiter?»

«Aber ja, aber ja», versicherte der Hauptmann zuvorkommend. «Nur noch eine Frage, die letzte: Was sind Sie von Beruf?»

«Journalist», sagte Umnow. «Ist das nun alles?»

«Alles. Gute Fahrt!» Der Verkehrsinspektor winkte Umnow mit seinem schwarzgelben Verkehrsstab nach.

Doch seltsam: Als Umnow in den Panorama-Rückspiegel blickte, sah er, wie der Hauptmann ein Sprechfunkgerät hervorholte und eifrig hineinsprach, wobei er unter dem Mützenschirm hervor immer wieder zu Umnows Schiguli blickte.

Der meldet mich weiter, dieser Hundesohn, dachte Umnow wütend. Offenbar sollen sie mich im Auge behalten, diese Geldschneider. Aber Pustekuchen!

Er gab Vollgas, ließ die Kupplung schnappen und schoß davon, daß der Kies nur so unter den Rädern hervorspritzte.

Nach einer Biegung, einer langen Steigung und einem Gebirgspaß breitete sich vor ihm, an die Autostraße geschmiegt, ein hübsches Städtchen aus mit spielzeughaften Kirchenkuppeln, streichholzschachtelartigen Neubauten, dem taufeuchten Grün der Gärten und dem unvermeidlichen Industriekomplex in Form von schwarzen Schloten und grauen Rauchwolken. Es erschien dem verblüfften Umnow ganz nahe, höchstens drei Kilometer entfernt. Angestrahlt von der untergehenden Sonne wirkte es wie eine Palecher Miniaturmalerei in warmen Lackfarben.

Nein, wie eine Fata Morgana, dachte Umnow weiter. Er bremste auf der verdächtig leeren Chaussee, langte aus der Türtasche den zuverlässigen «Autoatlas der UdSSR» hervor, schlug die entsprechende Seite auf, fand auf der Karte die Gegend, in der er sich befand, doch es war wie verhext: Auf der Karte war weit und breit keine Stadt eingezeichnet, sondern nur das Dorf Kolesnoje, an dem er gerade vorbeigekommen war. Bis zu einem weiteren, bedeutend kleineren Dorf namens Papertniki waren es noch an die zwölf Kilometer. Dazwischen gab es laut Karte nichts als ödes Land, und falls es irgendwo dennoch eine Siedlung gab, dann war sie so verschwindend klein, daß der Atlas sie nicht verzeichnete . . .

Ob diese Stadt hier neu war, so neu, daß sie noch nicht auf Landkarten vermerkt war? Unsinn, Städte sind keine Pilze, die plötzlich hervorschießen, außerdem war der Autoatlas neu, er hatte ihn gerade erst gekauft.

Wie sollte man sich das erklären?

Ein Mysterium, dachte Umnow, denn die Stadt lag ja vor ihm, er träumte nicht. Wie schrieb doch gleich ein Klassiker? «Alle Kalender lügen.»

Drei Kilometer bedeuteten für den Schiguli gar nichts. Umnow legte sie in zwei Minuten zurück. Dieses Städtchen hieß Krasnokiteschsk, wie Umnow auf einer schönen Betonstele lesen konnte, die von den stolzen Stadtvätern aufgestellt worden war. Unmittelbar vor ihm, auf der Straße, an den Straßenrändern und auf dem staubigen Rasen, der im Atlas als Ackerland verzeichnet war, lärmte und wogte eine bunte Menschenmenge. In Reih und Glied waren schmucke junge Pioniere in weißen Hemden und gebügelten Halstüchern angetreten, in den Händen dicke Sträuße aus Kamillenblüten und Hahnenfuß. Ein Blasorchester war zu einem abgezirkelten Viereck erstarrt – sämtliche Musiker in Schwarz, mit gestärkter Hemdbrust und Fliege. Die Sonne gleißte auf den spiegelblanken Flächen der Baßtubas, Waldhörner, Posaunen und Flügelhörner, eine kupferne Sonne auf kupfernen Flächen. Die froh gestimmten Bewohner von Krasnokiteschsk in feierlicher Kleidung aus Kattun, Leinen, Jeansstoff, regenbogenfarbigem Nylon, pastellfarbener Baumwolle winkten ihm, Umnow, zur Begrüßung zu – die reinste Fieberphantasie – und riefen etwas im Chor, was der brummende Motor übertönte. Allen voran wälzte sich ein mächtiger Block, bestehend aus offenbar hochgestellten Leuten in strengen grauen Anzügen, mit

Schlips und hier und da sogar mit Hut, ungeachtet der Julihitze.

Umnow trat zwangsläufig – das wievielte Mal nun schon! – auf die Bremse, stellte den Motor ab und verließ verunsichert den Wagen. Im gleichen Augenblick donnerte das Orchester mit einem mächtigen Tusch los, der bald in den melancholischen Walzer «Amurwellen» überging. Die Menge ließ ein donnerndes «Hurra!» ertönen, und die Obrigkeit spie aus ihrer Mitte eine Maid in Sarafan und Kopfputz aus, wie einem Laienspiel über die russische Scholle entsprungen; übrigens eine reizende Maid mit einem gestickten Handtuch in den Händchen, auf dem ein runder Brotlaib und ein Salznapf ruhten. Die Maid lächelte, schwebte auf Umnow zu und hielt ihm den Brotlaib unter die Nase. Er wischte sich die verschwitzten Handflächen an den Jeans ab, tat mechanisch einen Schritt nach vorn, außerstande, etwas zu begreifen. Es reichte nur zu einem schiefen fragenden Lächeln und einem schuldbewußten:

«Ist das für mich?»

Die Maid nickte, ja, für Sie, für wen denn sonst, hier steht doch sonst keiner. Darauf brach Umnow, der solche Rituale viele Male im Fernsehen gesehen hatte, ein Stück vom Brot ab, tunkte es ins Salz und steckte es in den Mund. Es schmeckte nicht besonders, war viel zu salzig und übersäuert, doch Umnow kaute artig. Das Orchester schmetterte bereits die landesweit geliebten «Moskauer Nächte», die Menge jubelte und amüsierte sich, und eine der grauen Eminenzen langte aus der Tasche einen vierfach gefalteten Zettel hervor, entfaltete ihn, hüstelte würdig und hob an:

«Wir freuen uns, Sie, lieber Freund Umnow, in unserer zwar nicht großen, aber gastfreundlichen und an Arbeitertraditionen reichen alten Stadt Krasnokiteschsk begrüßen zu können. Sie betreten eine Stadt, deren Werktätige im letzten Jahr des Fünfjahresplanes arbeiten. Ein wenig Statistik zu Ihrer Kenntnis: In unserer Stadt werden pro Minute 7,3 Meter Feuerwehrschlauch produziert, 1,7 Mehrlingskinderwagen, 156 der berühmten Krasnokiteschsker Tintenfaßgarnituren, sieben Rundfunkempfänger der Mittelklasse, 2,6 Sporträder, 234 Qualitätswindeln und so fort – die Liste ließe sich noch lange fortsetzen. Was die Landwirtschaft betrifft...»

Umnow hörte nicht mehr zu. Er war in Gedanken weit weg von der rauhen Wirklichkeit und versuchte verzweifelt, Klarheit über das Geschehen zu gewinnen. Am naheliegendsten war die Version, daß er eine Halluzination hatte... Unsinn, dazu war er viel zu sehr Realist, er hatte nie an übernatürliche Phänomene wie außersinnliche Wahrnehmungen, Psychokinese und Astralreisen geglaubt. Etwas anderes lag viel näher: eine Verwechslung! Ja, bestimmt – man hielt ihn für einen anderen, für einen Revisor. Solche Fälle sind ja aus der Literatur bestens bekannt. Doch auch hier war ein Haken: Die graue Amtsperson hatte ihn klar und deutlich beim Namen genannt und noch dazu mit dem Attribut «lieber Freund» bedacht! Der auf Spähposten abkommandierte Wegelagerer-Hauptmann hatte zweifellos Umnows Personalien per Sprechfunk weitergeleitet. Doch weshalb? Weshalb nur? Überhaupt... wo kam diese Stadt her, die sich mit mehr als zweihundert Windeln pro Minute brüstete? Laut Karte gab es sie gar nicht! Eine unerklärliche Materialisation? Eine Wahnvorstellung?

«... und daher sind die Bewohner von Krasnokiteschsk besonders erfreut, Sie, Andrej Nikolajewitsch, als Gast unserer Stadt betrachten zu dürfen», beendete die graue Amtsperson ihre Ansprache.

Alle applaudierten, die Pioniere traten aus der Formation und brachten Umnow die bescheidenen Gaben der Felder dar. Von irgendwoher kurvte der Milizhauptmann Bla-bla auf einem gelben Motorrad heran und zwinkerte Umnow wie einem alten Bekannten zu, als wollte er sagen: Genier dich nicht, du Moskauer. Immer frei heraus damit, wenn etwas unklar ist...

Unklar war alles, und Umnow entschloß sich zu der Frage:

«Sie gestatten, ich fühle mich sehr geschmeichelt und gerührt, begreife jedoch nicht, wofür mir diese Ehre zuteil wird.»

«Was heißt wofür?» sagte die graue Amtsperson mit gespieltem Erstaunen, und die übrigen Grauen lächelten indigniert und tauschten verständnisvolle Blicke, die soviel bedeuteten wie: Der Mann ist bescheiden, aber auch etwas ahnungslos, obwohl er ein Journalist aus der Hauptstadt ist.

«Was heißt wofür, lieber Towarischtsch Umnow? Wie die Spezialisten des städtischen Rechenzentrums ermittelt haben, sind Sie der zehnmillionste Besucher von Krasnokiteschsk, also ein Jubiläumsgast unserer Stadt. Für uns ist das ein Ereignis, eine Freude, und wir bitten Sie, sie mit uns zu teilen.»

Das also war es! Der begriffsstutzige Umnow hatte endlich verstanden. Deshalb der ganze Zirkus, dieses Zeremoniell – als ob sie nichts Besseres zu tun hätten! Sie sollten lieber noch mehr Windeln und Kinderwagen produzieren, anstatt ihre Zeit und die von durchfahrenden Urlaubern zu verplempern... Warum sprach der Redner übrigens von «Mehrlingskinderwagen»? Produzierten sie etwa nur für Zwillinge? Eine verrückte Spezialisierung...

«Ich bin stolz auf diese Ehre.» Umnow hatte seinen Humor wiedergefunden. «Ich bin Ihnen unendlich dankbar. Zum erstenmal nehme ich an einer so außergewöhnlichen Feier teil, doch leider muß ich auf Ihre weitere Gastfreundschaft verzichten: Ich bin in Eile, nur auf der Durchfahrt.»

Die grauen Amtspersonen lächelten und nickten so beflissen wie zuvor. Umnow kam sich vor wie der Patient eines Irrenhauses vor einer Ärztekommission, die seine Einwände nicht ernst nahm. Die Grauen verhielten sich dem zehnmillionsten Durchzügler gegenüber ebenso geduldig und höflich wie Psychiater gegenüber psychisch Kranken.

«Wir verstehen alles, lieber Andrej Nikolajewitsch, aber es geht doch auf den Abend zu. Sie müssen sich ausruhen, etwas essen, und wo kann man das besser als in Krasnokiteschsk? Auf Sie wartet ein Luxusappartement im Hotel ‹Kitesch›, eine gesellige Abendmahlzeit und ein kleines Konzert des künstlerischen Laienensembles. Unsere Komsomolzin Larissa wird Sie betreuen.»

Die graue Amtsperson, die offenbar im Namen aller sprach, legte die Hand mit väterlicher Geste auf die Sarafanschulter der Maid mit dem Brot.

Die Maid senkte verlegen den Kopf, doch unter den Wimpern hervor blitzten die Augen, versprachen dem müden Umnow verlockende Krasnokiteschsker Genüsse – laienspielhaft vielleicht, aber doch künstlerisch wertvoll. Der standhafte Umnow jedenfalls wurde schwankend und gab sich schließlich geschlagen. Es stimmte ja, übernachten mußte er ohnehin irgendwo.

«Schön», sagte Umnow. «Sie haben mich überredet. Ich bin überaus dankbar und froh über das unverhoffte Glück. Ausgerechnet ich der zehnmillionste! Wohin soll ich denn fahren?»

«Hinter uns her», erklärte die graue Amtsperson.

Augenblicklich rollten durch die auseinandertretende Menge drei schwarze lack- und chromglänzende Wolgas vor, in denen flugs alle Grauen samt der Komsomolzin Larissa verschwanden.

«Bitte, der Herr», sagte der Milizhauptmann und riß den Wagenschlag von Umnows Schiguli auf.

Der nahm im Auto Platz, der Hauptmann klappte sanft die Tür zu und salutierte. Die schwarzen Wolgas setzten sich lautlos in Bewegung, die Antennen auf ihren spiegelnden Dächern ragten schlank und stolz auf wie die Masten von von Flaggschiffen. Ein Paradox: Drei Flaggschiffe führten eine Flotte an, die nur aus Umnows Gefährt bestand. Das Schlußlicht bildete das «Ural»-Motorrad des Hauptmanns.

Ohne Eile durchquerten sie die Vorstadtsiedlung von Krasnokiteschsk, wo die Privatinitiative üppige Blüten trieb. Direkt am Straßenrand vor den Pforten und Türen waren auf Schemeln, Stühlen und Bänken die Früchte der Gärten und Erzeugnisse der Gemüsefelder ausgebreitet, standen Keramikkätzchen als Sparbüchsen, buntgefärbte Weidenkörbchen, Sträuße majestätischer Gladiolen und würzig duftender Nelken.

Sie gelangten auf eine belebte Straße, fuhren an einem Kaufhaus, einem Feinkostladen und dem Kooperativ-Café «Freundschaft»* vorbei, bogen in eine stille Seitenstraße ab und befanden sich unerwartet auf einem großen Platz, wo ein gigantisches Verwaltungsgebäude mit einer roten Fahne auf dem Dach, ein paar fünfgeschossige Doppelhäuser von undefinierbarer Funktion, ein Feuerwehrturm mit schadhaftem Putz als Architekturdenkmal standen sowie ein weiteres historisches Monument – eine Kirche mit fünf Kuppeln, auf denen die Kreuze fehlten, dafür aber mächtige Fernsehantennen hochragten. Von der Mitte des Platzes wies ein granitener Lenin mit dem Arm auf ein frisches Transparent, auf dem in metergroßen Lettern zu lesen stand: «Unser Ziel – die Perestroika!».

Man schraubt neuerdings überall etwas zurück, dachte Umnow belustigt. Sicherlich hatte gestern noch die Losung «Unser Ziel – der Kommunismus» ausgehangen. Aber wieso ist die Perestroika eigentlich Ziel? Sollte sie nicht nur Mittel sein?

* Kooperative – kleines privatwirtschaftliches Unternehmen; in der Sowjetunion neuerdings gefördert.

Diese spitzfindige Frage konnte er sich jedoch nicht mehr beantworten, denn schon hielt die Kolonne neben einem der typischen Hotelbauten, ebenfalls fünfgeschossig, grau und mit einem erdrückend massiven Vordach über dem Paradeeingang. In den Jahren seines journalistischen Vagabundendaseins hatte Umnow in gut hundert solcher Hotels gewohnt, er hätte mit geschlossenen Augen den Grundriß jedes dieser Hotels aufzeichnen und bei den meisten sogar den Blick aus dem Fenster im voraus beschreiben können: mal ein schmutziger Hof voller Müllkübel, mal ein Paradeplatz, wo ein granitener Revolutionsführer auf die jeweilige Parole wies, die von den Gebiets- und Bezirksobrigkeiten nach stürmischen Auseinandersetzungen bestätigt worden war.

Indessen standen die Stadtväter in Grau bereits auf den Eingangsstufen des Hotels und erwarteten ihren zehnmillionsten Gast. Dieser griff seine Reisetasche mit der verpönten Aufschrift «Adidas» vom Rücksitz und entstieg dem Schiguli.

«Welche Weisungen geben Sie mir nun?»

«Aber, aber! Weisungen in der Periode der Perestroika?» meinte dieselbe redselige Amtsperson verhalten lachend. «Haben wir nicht die völlige Selbständigkeit der Massen, Initiative von unten und lediglich behutsame Anleitung von oben?»

«Ich würde mich gern etwas frisch machen nach der Reise», äußerte Umnow unsicher.

«Ich denke, hierüber müssen wir nicht abstimmen», scherzte die graue Amtsperson. «Larissa Iwanowna, bitte begleite den Gast auf sein Zimmer. Nur noch eine Bitte, Genosse Umnow: Beeilen Sie sich ein wenig, seien Sie so nett! Wir erwarten Sie im Speisesaal.»

Die Komsomolzin Larissa hakte sich bei ihm unter und führte ihn zur Tür, die sogleich weit aufgerissen wurde. Die gastfreundliche Hotelleitung, vertreten durch den

Direktor und dessen Stellvertreter, empfing ihn. Es waren zwei einander ähnelnde stramme Männer in den Vierzigern, beide klein, beide kahlköpfig, beide in gleichen gut geschnittenen cremefarbenen Anzügen, cremefarbenen gehäkelten Käppis, am Revers gediegene Plastikschildchen mit der Aufschrift «Hotel Kitesch».

In der Eingangshalle hatte das übrige Personal Aufstellung genommen: die Leute von der Rezeption, die Stubenmädchen, die Etagen-Aufseherinnen – alle cremefarben, alle mit Hotelabzeichen. Larissa preßte zärtlich Umnows Ellenbogen an ihre stämmige Seite; der cremefarbene Direktor trippelte voran zum Lift und gab im Gehen Informationen über das Hotel: wann erbaut, Anzahl der Betten, Tagungsräume, Säle, Korridore, Wanderwimpel und Urkunden von Wettbewerben der städtischen Dienstleistungsbetriebe. Umnow nickte ernsthaft, als wolle er sich das gut einprägen, und dachte währenddessen darüber nach, worin die Ursache von Larissas deutlich zum Ausdruck gebrachter Sympathie für ihn zu suchen sei: Hatte man sie dazu angewiesen, oder wirkten hier einfach rein weibliche Triebkräfte?

Doch dieses weltumspannende Problem ließ sich nicht im Vorübergehen lösen, und da langten sie auch schon an dem für Umnow vorgesehenen Luxusappartement an. Der Direktor rasselte mit dem Schlüsselbund, die Tür ging auf. – «Bitte sehr, ergötzen Sie sich!»

Zum Ergötzen gab es in der Tat allerhand.

Das große Zimmer war ausgefüllt von einer finnischen Möbelgarnitur – mächtige Plüschsessel, ein ebenso mächtiges Sofa neben einem Zeitungstischchen, ein Eßtisch und sechs Stühle à la Chippendale, ein drei mal vier Meter großer Teppich. Die ganze Herrlichkeit wurde angestrahlt von einem jugoslawischen Bronzeleuchter, den der Direktor sichtlich stolz anknipste. Eine Kleinigkeit nur störte die großartige Importausstattung des Zimmers: An der Wand, über dem dunkelgrünen Sofa, hing eine billige Kopie – nein, nicht «Morgen im Kiefernwald» von Schischkin, das war längst passé, sondern ein Bild des einheimischen Malers A. Schilow: «Porträt der Tänzerin Semenjaka in der Rolle der Giselle.»

Die Hausherren blickten den Gast erwartungsvoll an.

«Nett», sagte Umnow. «Sehr nett. Erlesener Geschmack, nicht ohne bescheidenen Luxus... Muß ganz schön was gekostet haben.»

«Genau», bekräftigte der Stellvertreter mit der Blechmarke. «Allein für die Garnitur haben wir fünfeinhalbtausend geblecht. Dann noch für den Leuchter vierhundert...»

Larissa verlor die Beherrschung, prustete in die Faust. Der Direktor zupfte seinen Stellvertreter unauffällig am Jackettsaum.

«Was bedeutet schon Geld», rettete Umnow die Situation. «Nichts als Papier... Wie gewonnen, so zerronnen... Dieses Zimmer aber ist das Gesicht Ihres Hotels, es muß herrlich sein, wenn...» Er schwieg vielsagend, weil er eigentlich nicht wußte, was auf dieses «wenn» folgen sollte. Er war zu träge zum Überlegen, zum Geistreicheln, er wollte viel lieber duschen, Tee trinken und sich auf das Luxusbett «Ludwig» strecken, das im benachbarten Schlafzimmer einladend schimmerte. «Trotzdem, erlauben Sie mir... äh...»

«Kein Problem», sagte der verständnisvolle Direktor. «Machen Sie es sich bequem. Trotz der heißen Jahreszeit haben wir warmes Wasser in den Zimmern. Und dann bitten wir Sie hinunter ins Vestibül, wo wir Sie erwarten, um Sie ins Speisegemach zu begleiten.»

«Ins Speisegemach?» wiederholte Umnow erstaunt. «Da schau her! Dann ist dies wohl hier die Kemenate? Nicht übel. Warum heißt Ihr ‹Kitesch› dann eigentlich Hotel und nicht wie vor Zeiten Herberge?»

«Wir haben manchmal Ausländer da», erklärte der Direktor leicht pikiert.

«Ach ja, natürlich! Welcher Ausländer, der auf sich hält, steigt schon in einer Herberge ab!» Umnow war die Reue selbst. «Darauf bin ich nicht gekommen, Entschuldigung... Doch wo sind eigentlich die Kreuze auf der Kirche geblieben? Sie sind doch, pardon, auch eine Attraktion für arrogante Ausländer, ja denen sogar irgendwie vertraut...»

«Mit der Kirche haben wir nichts zu tun», verwahrte sich der Direktor rasch, und der Stellvertreter nickte dazu im Takt. «Die Kirche gehört ins Ressort politische Aufklärung, obwohl wir natürlich Ihre Ironie heraushören.» Offenbar in dem Wunsch, das heikle Thema nicht weiter zu berühren, faßte er Larissa und den Stellvertreter um die Taille und führte sie zur Tür. «Wir erwarten Sie, Genosse Umnow, wir warten voller Ungeduld.»

Alleingeblieben setzte sich Umnow in den Sessel-Sarkophag, starrte auf die Tänzerin Semenjaka, die den traurig fragenden Blick auf eine künstlich wirkende Kamillenblüte gerichtet hielt, und versuchte ernsthaft, sich ein Bild darüber zu machen, was in der vorangegangenen Stunde geschehen war.

Auf der Karte gab es, wie gesagt, kein Krasnokiteschsk. Mehr noch, als Umnow sich für die weite Fahrt rüstete, hatte er alle Bekannten eingehend befragt, die in den vergangenen Jahren hier entlanggekommen waren, einfach um zu erfahren, wo es Tankstellen, Reparaturwerkstätten gibt, in welchen Ortschaften man am ehesten eine Übernachtungsmöglichkeit findet, wo man am besten ißt und wo man haltmacht, um Sehenswürdigkeiten anzuschauen. Und keiner seiner Gesprächspartner, nicht ein einziger, hatte einen Ort namens Krasnokiteschsk erwähnt.

Das war das eine, aber damit nicht genug: Was bedeutete die wahrhaft Gogolsche Situation, die ihm an der Autostraße widerfahren war und die sich nun hier im Hotel «Kitesch» fortsetzte? Was sollte das Ganze? Eine

Laienspielinszenierung der örtlichen Obrigkeit? Sein Leben lang hatte Umnow mit Sekretären von Stadtbezirkskomitees, Stadtparteikomitees, Vorsitzenden von Exekutivkomitees jedweden Ranges zu tun gehabt, hatte mit ihnen Gespräche geführt. Es gab unter ihnen vernünftige, kompetente, tüchtige Leute, die ihre Zeit und die anderer nicht vergeudeten. Es gab Aufschneider, rücksichtslose Karrieristen, doch auch die waren gewitzt genug: Wenn sie mal ein Faß aufmachten, dann mit Verstand und mit vorsichtigem Blick nach oben, damit sie ja nicht eins aufs Dach bekamen dafür. Doch es gab auch energiegeladene Hohlköpfe, die wer weiß wie in die Präsidiumssessel geraten waren. Die wären in der Lage, so etwas wie einen pompösen Festakt zu Ehren des zehnmillionsten Besuchers auszuhecken. Doch nein, so gut Umnow die Kohorte der Dummköpfe in Führungspositionen kannte, so gut kannte er auch ihre Haupteigenschaft: nach fertigen Schablonen zu handeln. Aber in diesem Fall – was gab es da schon für Schablonen? Ja, die hunderttausendste Dreschmaschine, der millionste Neusiedler, der erste Erntetag oder die letzte Korngarbe, eine Bezirks-Show junger Trommler und Hornisten oder ein Städtefestival der Kabaretts ... Aber der zehnmillionste Besucher einer Stadt, das ging doch wirklich über die Hutschnur! Wie hatten sie das übrigens errechnet? Hatten die Wegelagerer von der Verkehrspolizei mit Zählgeräten in den Büschen gesessen? Und wie lange – einen Monat, ein Quartal, hundert Jahre? Die Straße führte nach Süden, zu dem blauesten Süden der Welt, zu den Allunions-Heilstätten, Kornkammern und Schwerindustriezentren. In der Sommerzeit ergoß sich da ein Strom von zigtausend Autos innerhalb von vierundzwanzig Stunden! Ihm fiel ein, daß alle Freunde ihm geraten hatten, so früh wie möglich loszufahren, noch bevor es dämmerte, um ja nicht in den endlosen Kolonnen der Busse, Lastwagen, Wolgas und Schigulis steckenzubleiben. Doch er hatte verschlafen, war erst gegen halb elf losgefahren und hatte sich gleich zu Fahrtbeginn geärgert, daß er nicht voll aufs Gaspedal treten konnte. Eine Fahrzeugschlange auf seiner Fahrbahn, eine Fahrzeugschlange auf der Gegenfahrbahn, endloser Stau ... Doch etwa sieben bis zehn Kilometer von Krasnokiteschsk entfernt war er plötzlich wie von der Welt abgeschnitten ... Genauer gesagt: Er war einer Kurve gefolgt, und als er auf einer Anhöhe anlangte, war kein Auto mehr zu sehen! Wo waren sie alle geblieben?

Das gab's doch nicht! Was war da passiert? Umnow riß sich vom Sessel los und ging ruhelos zwischen den Bestandteilen der Fünfeinhalbtausend-Rubel-Garnitur auf und ab. Die Ballerina Semenjaka sah von der Wand mitfühlend auf ihn herab.

Ich muß von hier verschwinden, dachte er nervös. Gleich jetzt, durch den Notausgang. Den muß es doch geben ... In den Schiguli, und nichts wie weg! Zum Teufel mit dem ägyptischen Schlafzimmer! Im Fond des Schiguli ist es zwar härter und enger, dafür gibt es da keine Teufeleien, alles ist real, erklärbar ...

Er blieb am Fenster stehen. Unten auf dem Platz war das vertraute Auto gut zu erkennen, ebenso die drei schwarzen Wolgas und der namenlose Hauptmann, der wachsam den Platz umkreiste.

Seine Stimmung sank. Mit dem Wagen würde er nicht entwischen können, höchstens zu Fuß. Die Schuhe in die Hand genommen, und ab ans Meer. Doch lohnte die so gewonnene Freiheit den Verlust des geliebten Schiguli?

Auf dem Zeitungstischchen surrte zärtlich das Telefon im Nostalgielook.

«Ja, bitte.»

«Wir erwarten Sie, Andrej Nikolajewitsch», flötete eine weibliche Stimme. «Die warmen Speisen werden kalt.»

«Noch zehn Minuten», sagte Umnow trocken und legte gleich wieder auf.

Wozu auch Höflichkeit! Genaugenommen war er ja ein

Gefangener. «Kitesch» war zwar nicht die Butyrka*, doch von hier zu flüchten schien ihm nicht weniger schwierig. Und wenn er nun nicht Reißaus nahm? Wenn er folgsam in den Salon ging, sich das inzwischen lauwarme Gericht zu Gemüte führte, ein Dutzend alkoholfreier Toasts über sich ergehen ließ – Wodka anzubieten würden die Grauen angesichts der neuen Zeiten bestimmt nicht wagen – und sich für sechs, sieben Stunden aufs Ohr haute? Morgens würde er dann zeitig aufbrechen. Nicht ausgeschlossen, daß derselbe Milizhauptmann ihm dann zum Abschied noch einmal mit dem Stab winkte... Wovor hatte er eigentlich Angst? Er war doch Manns genug, ein solider Bursche, mit Geld in der Tasche, seine Stellung verpflichtete schließlich. Er würde für das Abendbrot selbst bezahlen, keinerlei Präsente akzeptieren, kein Bankett mitmachen. Wir von der Presse, müssen Sie wissen, führen einen gnadenlosen Kampf gegen die Beköstigung von Freunden auf Staatskosten...

Ist ja wahr, was riskiere ich schon, dachte Umnow. Außer einem Fünfrubelschein fürs Abendessen und einem Zehner fürs Zimmer – nichts. Demnach ist alles in Butter.

Er legte die Jacke ab, das Hemd, die Jeans, verstreute alles auf dem teuren Vierhundert-Rubel-Teppich und begab sich ins Bad unter die warme Dusche, die bekanntermaßen außer der hygienischen noch eine moralische Funktion hat: Sie spült unnötige Zweifel endgültig ab.

Gewaschen, rasiert, mit frischem Oberhemd begab sich Umnow in die Hotelhalle, wo sich sogleich der cremefarbene Direktor auf ihn stürzte.

«Wir warten schon lange auf Sie, Andrej Nikolajewitsch, beeilen wir uns!»

Sie stiegen die Marmorstufen zum Restaurant hinauf,

* Berüchtigtes Moskauer Gefängnis

betraten es jedoch nicht, sondern wandten sich zu einer Nebentür, die auf einen Korridor mit unbeschrifteten Türen, offenbar Diensträumen, führte. Lediglich die Tür am Ende des Flurs trug ein Schildchen mit der in kunstvollen Metallettern ausgeführten Aufschrift «Speisesalon». Der Direktor öffnete sie weit und wedelte einladend mit den Händen.

«Bitte sehr!»

Umnow betrat einen Saal, der auf den ersten Blick wie ein Restaurant aussah, aber irgend etwas an ihm war sonderbar, nicht standardgemäß. Das heißt, vieles war wie üblich – das kleine Orchesterpodium mit den leeren Notenständern und der farbenfreudigen Schlagzeugapparatur, die in Form eines offenen Vierecks aufgestellten Tische mit der Tanzfläche in der Mitte, die mit altrussischen Motiven bemalten Wände. Was aus dem gewohnten Rahmen fiel und zu der bescheidenen, aber durchaus behaglichen Einrichtung ganz und gar nicht zu passen schien, war ein sich über eine ganze Wandlänge hinziehendes Büfett voller Teller mit Speisen und Gläsern mit Obstsäften. Längs des Büfetts verlief eine Aluminiumbrüstung, an deren einem Ende ein Stapel leerer Tabletts aufragte, während am entgegengesetzten Ende eine Kassiererin den Ausgang bewachte. Mit einem Wort, eine Kantine, nichts weiter. Hinter dem Büfett hielten sich schon die Rubensschen Küchenschönheiten bereit.

Um die einstweilen noch leeren Tische herum saßen die bereits bekannten grauen Amtspersonen, wohl irgendwelche Leute von der Stadtbezirksleitung, die Umnow zum ersten Mal sah, aber auch Larissa mit ihren Freundinnen, einige vollbusige Damen mit kunstvoll aufgetürmten Frisuren voller Flitter, alle glitzernd und funkelnd wie jugoslawische Lüster. Bei Umnows Anblick verstummten sie. Der oberste Graue – Umnow hatte bislang nicht herausbekommen, wer er war – erhob sich und kam ihm entgegen.

«Herzlich willkommen in unserem Speisesalon, Genosse Umnow. Fühlen Sie sich wie zu Hause!»

«Wie zu Hause? In dieser Kantine?» entfuhr es Umnow. Gleich darauf machte er sich Vorwürfe wegen seiner losen Zunge – immerhin war er hier Gast, wenn auch wider Willen.

«Dies ist keine Kantine, sondern unser Bankettsaal.» Der Graue schien nicht gekränkt.

«Ich war schon auf unzähligen Banketts», sagte Umnow, «aber einen solchen Saal sehe ich zum ersten Mal. Ein Selbstbedienungsbankett – oder?»

«Gewissermaßen.» Der Graue lachte. «Sozusagen unsere hauseigene Variante der alten Tradition, neugestaltet im Geist der Perestroika. Nehmen Sie bitte damit vorlieb, teurer Gast. Bankette sind abgeschafft, und das ist richtig, parteigemäß, deshalb haben wir Selbstbedienung eingeführt: Jeder stellt sich seine Speise selbst aufs Tablett, jeder zahlt für seins, öffentliche Gelder gibt's nicht mehr dafür, wir haben nicht mehr die alten Zeiten. Wir speisen lediglich gemeinsam.»

«Und die Trinksprüche?»

«Ohne die geht's natürlich nicht, trotz der Anti-Alkohol-Kampagne in unserem Lande, die wir selbstredend strikt einhalten. Trinksprüche lassen sich genausogut zu Kompott aus Trockenfrüchten ausbringen – nur zur Winterzeit, versteht sich –, jetzt, zu dieser Jahreszeit sind es Erdbeeren im eigenen Saft oder Kirschen. Unser Kompott ist herrlich frisch, hat ein betäubendes Aroma, es ist wärmstens zu empfehlen.»

Mit diesen Worten geleitete er Umnow zur Aluminiumbrüstung und stellte zuvorkommend zwei farbige Plastiktabletts darauf. Hinter ihnen bildete sich sogleich eine Schlange, lediglich die Damen blieben in Erwartung der Köstlichkeiten an den Tischen zurück.

Der verblüffte, im übrigen aber hungrige Umnow machte sich daran, sein Tablett zu beladen: Er stellte drei

Schälchen mit Sauerkirsch-, Erdbeer- und Süßkirschenkompott darauf, Tomaten- und Gurkensalat. Es war sogar Kaviar da – schwarzer und roter –, desgleichen Stör, rosiger, zarter Lachs, gesalzene Pilze, geräuchertes Neunauge, das wer weiß wie in Krasnokiteschsker Gewässer gelangt war, dazu pralle Radieschen, Lauch – und das alles zu Kompott anstelle von alkoholischen Getränken!

Dazu zischelte die graue Schlange hinter ihm noch: «Ich empfehle die delikate Fischsuppe.»

Das Tablett war bereits überladen, als neben ihm wie durch Zauberei ein zweites auftauchte mit einem Teller Fischsuppe. Hinter der Theke lächelte eine hundert Pud schwere Krasnokiteschsker Küchenfee ermunternd: «Was darf's sein, Andrej Nikolajewitsch: Beefsteak rustikal mit gedünsteter Zwiebel oder Stör am Spieß? Oder vielleicht ein zartes, fleischiges Hähnchen?»

«Beefsteak», sagte Umnow und schluckte. «Oder nein, Stör ... Das heißt, doch lieber Beefsteak.»

«Sie können auch beides nehmen», flüsterte hinter ihm der Graue. «Ihre Finanzen erlauben es Ihnen doch sicherlich.»

«Das schon, aber ich hab nur einen Magen. Geben Sie mir Beefsteak.»

Er erhielt ein dampfendes, saftiges Stück Fleisch, bestreut mit goldgelber Zwiebel, dazu Pommes frites, eben aus dem siedenden Öl gehoben, eine schwach gesalzene Gurke, Dill, Petersilie – einfach ein Traum!

«Das Dessert holen wir uns später.» Der Graue stieß mit seinem Tablett leicht gegen Umnows, und schon standen sie vor der Kasse. Eine lächelnde Kassiererin mit gestärktem Spitzenhäubchen und Rouge auf den Wangen ließ die Finger über die Tastatur gleiten, drückte auf einen Hebel, die Kasse ratterte kurz.

«Sechs Rubel und achtundvierzig Kopeken, bitte. Und von Ihnen Wassil Denissytsch, sechs fünfundfünfzig.»

Nachdem alle Platz genommen, ihre diversen Speisen ausgebreitet hatten und etwas Ruhe eingetreten war, rief jemand: «Wassil Denissytsch, einen Toast!»

Wassil Denissytsch stand würdevoll auf, erhob ein Glas mit Erdbeerkompott, blickte es gerührt an, weidete sich an der rosenfarben schimmernden Flüssigkeit und hob ohne Spickzettel zu sprechen an:

«Wir freuen uns, daß wir heute an unserer angestammten Tafel zusammengefunden haben, um einen teuren Gast zu begrüßen. Leider bekommen wir nicht so häufig Besuch, wie wir es gern hätten, doch wenn wir einmal Gäste haben, dann verlassen sie unsere gastfreundliche Stadt nicht so bald wieder. Unser ehrenwerter Andrej Nikolajewitsch hat außer dieser ausgesprochen kultivierten und gastlichen Stätte noch nichts von dieser Stadt kennengelernt. Sie wissen ja, wieviel Interessantes es bei uns zu sehen, zu erfahren gibt. Durchaus möglich, daß sich dabei sein Blickwinkel auf das heutige Leben etwas verändert, denn Krasnokiteschsk ist schließlich keine gewöhnliche Stadt: Ihr Geist dringt in alle Poren, setzt sich in jedem Bewußtsein für ewig fest – ja, er ist unausrottbar und immerwährend wie all das, was wir in den vergangenen wunderbaren Jahren erlebt und in uns angesammelt haben. Mit einem Wort: Wir – das ist Krasnokiteschsk. Und umgekehrt.»

Alle applaudierten frohgestimmt, und einer rief: «Wir fürchten keinerlei Veränderungen!»

«Eine treffende Bemerkung, Makar Saweljitsch», stimmte Wassil Denissytsch bei. «Wir fürchten sie nicht, denn sie sind unsere ureigene Sache. Wir haben sie im Handumdrehen übernommen und führen die Perestroika ohne Schwierigkeiten durch, weil wir wissen, daß wir eine gerechte Sache vertreten. So leeren wir also das Kompott auf unseren Gast und wünschen ihm, daß der Geist von Krasnokiteschsk auf ihn übergehen möge und zu seinem eigenen werde. Auf Ihre Gesundheit und darauf, daß wir von der Richtigkeit unserer gemeinsamen Sache durchdrungen und überzeugt sind!»

Umnow verstand rein gar nichts. Entweder war die Rede des grauen Oberhauptes so allegorisch, daß sie nur von Eingeweihten begriffen wurde, wie es die hier Versammelten offenbar alle waren, oder die Rede war traditionsgemäß total nichtssagend: Man brachte das Papperlapapp hinter sich, bloß um endlich trinken zu können, und sei es auch nur den Kompottsaft.

Man trank also. Und der Trunk erwies sich als erfrischend kühl, aromatisch, in Maßen süß.

«Nun langt zu!» forderte Wassil Denissytsch mit einer Beschwingtheit auf, als hätte er soeben reinen Alkohol geschluckt, woraufhin er sich ein Gürkchen griff, herzhaft hineinbiß und in einem Lächeln zerfloß. «Ach, köstlich... Man kann sagen, was man will, die Gaben der Erde sind doch etwas Großartiges!»

In diesem Moment schwebte, glitt auf rutschigen Sohlen der cremefarbene Direktor herein, in den Händen ein folkloristisch bemaltes Taburett, gefolgt von zwei seiner Mitarbeiterinnen, die etwas Durchsichtiges aus Plastik trugen, das stark an eine drehbare Lotterietrommel erinnerte, als welche es sich auch erwies. Der Direktor stellte sie in der Mitte des Saales auf das Taburett und verkündete: «Die langerwartete Überraschung: unsere Tombola!»

Er drehte das Rad, das die fest gewickelten Papierröllchen aufwirbelte. Die cremefarbenen Assistentinnen tanzten synchron im Takt zu den Umdrehungen, der Direktor klatschte rhythmisch in die Hände, und ein plötzlich aufgetauchter Schlagzeuger ließ einen virtuosen Wirbel auf drei Trommeln ertönen.

Das Rad blieb stehen, der Direktor steckte die Hand in die Trommel, langte ein Los heraus, entfaltete es und sagte: «Nummer zweiunddreißig!»

An den Tischen wurde getuschelt. Behende faßte Larissa in die Innentasche von Umnows Jacke und zog eine Pappmarke mit der aufgedruckten Nummer 18 hervor.

«Pech gehabt.» Larissa seufzte. «Weder Ihre noch meine Nummer.» Sie zeigte ihr Kärtchen mit der Ziffer 5 vor.

Umnow hätte beim Andenken seiner Mutter schwören mögen, daß er kein solches Los eingesteckt hatte. Ihm kam der unheimliche Gedanke, Larissa sei eine Taschenspielerin, doch konnte er nichts mehr dazu sagen, da in diesem Augenblick eine Dame aufsprang, eine in jeder Hinsicht angenehme Erscheinung, so um die Fünfzig, eine Rose am Revers des blauen Kostüms und eine Päonienblüte auf dem mit Peroxid gebleichten Haarturm. In der rechten Hand hielt sie eine Gabel mit einem aufgespießten Neunauge und in der linken ein Glas Kirschsaft. Sie schwenkte enthusiastisch die Gabel, das Neunauge löste sich von den Gabelzinken, flog über den Tisch und landete genau auf dem Teller eines großmäuligen Typs in Jeansjacke. Der Typ jubelte auf, rief «Vivat!» und verdrückte den Happen, ohne mit der Wimper zu zucken.

Was geht hier vor? dachte der unglückliche Umnow. Wer, zum Teufel, hat sich diesen Spuk ausgedacht?

Inzwischen sorgte die blumenliebende Dame noch mehr für Verwirrung, indem sie geziert ausrief: «Ich wünsche mir Folkrock!»

Dabei zeigte sie dem Direktor das Kärtchen mit der ausgerufenen Zahl 32.

Alle klatschten, klopften mit ihren Messern auf die Teller, mit den Löffeln gegen die Gläser, mit den Gabeln auf den Tisch und schrien:

«Jawohl, prima! Das ist zeitgemäß! Ganz im Sinne der neuen Nationalitätenpolitik auf dem Gebiet der Kultur!»

Der Direktor pfiff auf zwei Fingern wie der an der Wand abgebildete Räuber Solowej, die Schiebetüren hinter der Bühne gingen auf, und drei kernige Typen mit

Synthesizer, Baß- und Rhythmusgitarre sowie zwei Mädchen in Rot kamen hervor, wahrscheinlich die Sängerinnen. Der Schlagzeuger war ja bereits anwesend und brachte als musikalische Untermalung die verschiedenen Elemente seiner Perkussionsapparate zum Klingen.

«Bitte sehr!» kreischte der Direktor und klatschte in die Hände.

Alle anderen taten es ihm gleich, und Umnow blieb nichts übrig, als ebenfalls die Hände zu rühren, obgleich er von den Folkrockmusikern in ihren pseudo-nationalen Kostümen nichts Gutes erwartete.

Die Mädchen in Rot schnappten sich ein Mikrofon und legten ohrenbetäubend los:

«Vergiß nie...», sangen sie mit tiefen Stimmen, «das heimatliche Feld... das Feld der Erinnerung... das Feld der Liebe... Uns hat Rußland... unser Schicksal gewiesen... Nimm es als das deinige an...»

Worauf die ganze Band mit dem Refrain einfiel: «Erinnerung, Erinnerung, Erinnerung... Wau, tschk, tschk... Erinnerung, Erinnerung, Erinnerung... W-wau, tschk, tschk...»

Der Schlagzeuger reckte sich und entlockte seinem Import-Schlagzeug russischen Geist, daß es nur so schepperte, der Synthesizer Marke «Yamaha» drückte in metallischem Rockrhythmus mächtig auf die Tränendrüsen, und dies alles war so schauerlich, daß Umnow tatsächlich überraschend eine Träne herunterlief, ausgelöst entweder von den überhöhten Dezibels oder von der kräftigen Beefsteaksoße, vielleicht auch vor Sehnsucht nach wirklich guter Rockmusik und aus Mitleid mit dem ehrenhaften Wort «Erinnerung», auf dem die Kantinenmusiker so lässig herumtrampelten.

Den Leuten indes gefiel es außerordentlich. Die einen sangen laut mit, andere klopften im Takt auf den Tisch, während Wassil Denissytsch, die Arme über der Brust verschränkt, väterlich nickte und lächelte.

Als er Umnows Blick auffing, beugte er sich zu ihm und schrie ihm ins Ohr: «Der Rockmusik gehört die Liebe der Jugend! Man darf der Jugend diese Liebe nicht nehmen, so gern das mancher vielleicht möchte.»

«Das ist keine Rockmusik!» schrie Umnow zurück. «Das ist Kakophonie!»

«Urteilen Sie nicht zu streng», ereiferte sich Wassil Denissytsch. «Sie in Moskau sind an Rockgruppen wie ‹Zeitmaschine› oder ‹Arsenal› gewöhnt, bei uns in der Provinz sind die Geschmäcker einfacher, dafür ist es gehaltvoller.»

«Das mit der ‹Erinnerung› nennen Sie gehaltvoll?»

«Natürlich. Es ist ein gutes Wort, und es kann nicht schaden, diesen und jenen darauf zu stoßen, der an Erinnerungsschwund leidet.»

«Wen meinen Sie damit?»

Wassil Denissytsch konnte nicht antworten, da das Lied zu Ende war und brausender Beifall losbrach. Die Musiker verbeugten sich eilig und verschwanden hinter den Schiebetüren.

Wassil Denissytsch stand abermals auf, erhob feierlich das Saftglas und brachte einen neuen Toast aus:

«Ich möchte diesen Fruchtsaft auf unsere Jugend leeren! Ich gebe zu, daß wir an ihr herumnörgeln, dauernd etwas auszusetzen haben. Mal sind es die langen Haare, mal die Hosen mit den bunten Flicken, mal die unverständlichen Lieder, die ungewohnten Klänge. Die Jugend soll man aber nicht beschimpfen, sondern zu verstehen suchen und ihr helfen, uns zu verstehen und mit uns zusammenzugehen, denn vorwärtsschreiten kann man nicht getrennt, nicht wahr, meine Brüder? Trinken wir also darauf, daß die Jugend uns Alte versteht und daß auch wir sie begreifen. Das wäre ja gelacht!»

Wieder klopften alle gegen die Gläser, taten sich an Gemüsesalaten und Fisch gütlich, und Umnow meinte, an seinen Tischnachbarn gewandt, tückisch:

«Verstehen auf Biegen und Brechen, das lob ich mir!»

«Sie verdrehen das Ganze, Genosse Journalist, nehmen es allzu wörtlich. Wohl nach dem Prinzip Ihrer Innung, einzelne Worte aus dem Zusammenhang zu reißen. Ich spreche im übertragenen Sinne, Sie dagegen haben sofort etwas Handgreifliches im Auge. Das ist nicht schön von Ihnen. Es ist, als ob ein Igel in Ihnen steckte. Sie sträuben ständig die Stacheln, sind voller Mißtrauen – weswegen nur? Wir begegnen Ihnen freundschaftlich, voller Wohlwollen, wie wir es gewohnt sind . . . Seien Sie doch etwas friedlicher, trinken Sie mit unserer Komsomolzin Bruderschaft. Larissa, schmeiß dich ins Zeug!»

Errötend griff Larissa nach dem Glas – Umnow hielt das seine noch vom Toast her in der Hand – und schlang ihren Arm um seinen.

«Auf ‹du›, Andrej Nikolajewitsch!»

Was blieb ihm übrig – sollte er einer Frau das Du abschlagen, nur weil dieses Du von oben befohlen wurde? Es kommt zwar selten vor, aber sogar Befehle können einem manchmal zur Freude gereichen.

Sie stießen mit Erdbeersaft an. Umnow faßte Larissa um die Schultern, zog sie an sich, suchte ihre Lippen, sie entzog sich aber und wandte ihm die Wange zu.

«Nicht alles auf einmal, Andrjuscha.»

Sie selber gab ihm einen so lauten Schmatz auf die Wange, daß die Umsitzenden sich ihnen zuwandten, lachten und ausriefen:

«Liebe und Eintracht!»

«Viel Freude auf euerm Lebensweg!»

«Glück und Frieden sei euch beschieden!»

Einer formulierte allzu global: «Frieden der Welt!»

Darüber mußte selbst Umnow lächeln. Seltsam, er fühlte sich wie beschwipst, als hätte man dem vermaledeiten Obstsaft etwas beigemengt. Doch nicht Alkoholgehalt war die Ursache, sondern die allgemeine Stimmung der Tischgesellschaft.

«Wassil Denissytsch ...» Umnow umfaßte zu seiner eigenen Verwunderung das hünenhafte Kreuz des Nachbarn und klopfte ihm auf die Schulter. «Scheinst kein schlechter Kerl zu sein, Bruder.»

«So ist es.» Wassil Denissytsch lächelte säuerlich. «Ich freue mich, Andrej Nikolajewitsch, daß du das endlich begreifst. Wir sind also auf dem richtigen Wege. Wie es in einem Lied so schön heißt: ‹Den Weg, den wir zurückgelegt, den kann uns niemand nehmen›.»

«In welcher Hinsicht?»

«In jeder Hinsicht», meinte Wassil Denissytsch nebulös. «Persönlich wie gesellschaftlich – es soll nur einer wagen ...»

Komischer Kauz, dachte Umnow weich gestimmt, ohne jedoch die kritische Distanz zu verlieren, im Gegenteil, seine Sinne schärften sich. Komisch ist er, das ist wahr ... zugleich aber unheimlich ... Spielt den Naiven, den Bauern in Bastschuhen, im Leinenhemd, heimatverbunden, volkstümelnd, Mütterchen Rußland persönlich. Dabei ist alles, was er sagt, doppeldeutig, voller Anspielungen, ohne einen halben Liter Obstsaft kommt man nicht dahinter. Eigentlich wäre jetzt der richtige Zeitpunkt, den Mausgrauen mal von unterst zuoberst zu kehren, das Verborgene ans Tageslicht zu fördern, doch nein, der Moment ist unpassend, es ist ja Frohsinn angesagt.

Deshalb fragte Umnow nur beiläufig: «Was sind Sie eigentlich, Wassil Denissytsch?»

«Ein Mensch, Andrej Nikolajewitsch!»

«Das meine ich nicht. Welche Funktion bekleiden Sie?»

«Ich bin das Stadtoberhaupt von Krasnokiteschsk.»

«Im Ernst?»

«Ich scherze nicht. Was gefällt Ihnen nicht an meiner Funktion? Ich hab sie schließlich nicht erfunden. Ich bin nicht der erste, und ich werde nicht der letzte sein ...»

Der rührige Hoteldirektor leierte von neuem die Lotterietrommel an und zog ein Los.

«Die Fünf!»

«Hier... ich!» jubelte Larissa. «Ich möchte, daß wir ein Lied singen!»

«Was für eins?» wollte Umnow wissen.

«Schlag eins vor, Andrjuscha!»

Wieder erschienen die Rockmusiker auf der Bühne, ein Konzertflügel wurde hereingeschoben, außerdem gesellten sich noch ein Akkordeonspieler, ein Geiger und zwei Blondschöpfe mit Balalaikas hinzu, die sich auf dem Boden niederließen, die Beine in den Filzstiefeln gekreuzt.

«Oj, nicht der Frost, nicht der Frost...», stimmte Larissa leise an, ihre Stimme wurde kräftiger, volltönender, füllte den ganzen Saal. «Nicht der Frost hat mich, mein Roß...»

Umnow schloß die Augen. In seinem Kopf begann etwas zu kreisen, zu flimmern, Larissas Stimme drang wie durch eine Wasserwand zu ihm. Was ist los mit mir, dachte er träge, verwirrt. Hab ich zuviel Obstsaft getrunken? Mir wird so schwer... Ohne die Augen zu öffnen, lehnte er sich zurück, versuchte, sich zu entspannen, durch autogene Übungen in andere Gefilde zu entschweben... Gleichsam von oben, von der Höhe des jugoslawischen Vierhundertrubelleuchters nahm er durch die geschlossenen Lider die Tischgesellschaft wahr. Alle sangen ungehemmt, hingebungsvoll bis zur Erschöpfung.

«Oj, nicht der Frost, nicht der Frost...», klang gedehnt Larissas Stimme.

«Uns allen sind stählerne Arme wie Flügel beschieden», fiel das Stadtoberhaupt von Krasnokiteschsk mit sonorem Bariton ein, «und statt des Herzens – ich weiß nicht, was...»

«Über Stalin, den weisen, vertrauten, geliebten», stimmten zwei ältere Tenöre in grauen Anzügen im Duett an, «singt das Volk ein wundersam Lied...»

Drei schmachtende Mädchen im Sarafan und mit Kopfputz, die zu Larissas Mannschaft gehörten, sangen wehklagend: «Soviel Verliebte, doch er steht allein, soviel Verliebte, doch er steht allein, soviel Verliebte, doch er steht allein am Fluß ...»

Die massige Dame, die sich den Folkrock gewünscht hatte, sang unter Tränen, die wohl dem Schmerz um die verflossene Jugend entsprangen: «Maiglöckchen, Maiglöckchen, Sonnenschein lockt euch heraus, Maiglöckchen, Maiglöckchen, ein weißer Strauß ...»

Ihr Tischnachbar und Altersgefährte umfing ihre mächtige Taille, lehnte das Haupt mit der grauen Mähne an ihre Schulter und stimmte ein: «Nicht ein Brieflein mehr, kein Wort – so ist's dein Wille ... Über die nächtlichen Straßen der Stadt breitet sich Stille ...»

Endlos folgten Lieder, Romanzen, Arien, Duette – bekannte und solche, die Umnow nie gehört hatte. Der Geiger spielte die beliebte Polonaise von Oginski, der Pianist den beliebten Csárdás von Monti, der Akkordeonspieler begleitete die beliebte Romanze vom Gartentor und vom armen Tor, ie Balalaikaspieler trugen Volkslieder vor. Die Folkrockmusiker brachten einen Song der Gruppe «Pink Floyd» zu Gehör. Und all das ergab nicht etwa eine Kakophonie, sondern klang erstaunlich harmonisch und unisono.

Etwas Unheimliches ging von dem Ganzen aus, etwas gefährlich Herdenhaftes, eine Art tödliche Geschlossenheit, gerichtet gegen all die, die nicht mit ihnen sangen, die aus der Reihe tanzten.

Umnow öffnete die Augen, erhob sich vom Stuhl, bemüht, kein Geräusch zu machen. Auf Zehenspitzen schlich er zu der geheimen Ausgangstür, erreichte sie unbemerkt, öffnete sie und fegte wie ein Meteor durch den Dienstkorridor, durch die leere Hotelhalle, hinauf auf seine Etage. Im Laufen fingerte er den Zimmerschlüssel aus der Tasche, fand vor Aufregung kaum das Schlüsselloch, riß die Tür auf und schlug sie hinter sich wieder zu. Er drehte den Schlüssel zweimal um, lehnte sich gegen die kühle Wand, preßte die Stirn dagegen und atmete so heftig durch, als habe er unendlich lange Zeit tief unter Wasser zugebracht.

Vielleicht war es wirklich so, ging es ihm durch den Sinn.

Ohne Licht zu machen, schüttelte er die Schuhe ab, ging in Socken ins Schlafzimmer, entkleidete sich so schnell wie ein Soldat, stellte den Reisewecker auf sechs Uhr und schlüpfte unters kühle Laken. Er deckte sich bis über den Kopf zu, wühlte sich in die tiefen Daunenkissen, dachte nur eines: Bloß nichts mehr sehen und hören – vor allem aber: sich an nichts erinnern! Zum Teufel mit der Erinnerung ...

Sei es, daß er übermüdet war, sei es, daß er tatsächlich umnebelt war nach dem üppigen Abendessen, sei es, daß die nervliche Anspannung der vergangenen verrückten Stunden ihn halb ohnmächtig machte – jedenfalls schlief er augenblicklich ein. Die Wirklichkeit fiel von ihm ab. Er schlief traumlos.

Der Wecker surrte aufdringlich wie eine Mücke. Obwohl Umnow ihn gehört hatte, ließ er die Augen geschlossen. Früh aufzustehen war für ihn eine Tortur. Er hatte sich, wie er behauptete, vor allem deswegen dem Journalismus verschrieben, um nicht wer weiß wann aufstehen zu müssen. Für die «schöpferisch Arbeitenden» begann der Redaktionsalltag erst um elf. Hier dagegen ...

Bei der Erinnerung an das «Hier» setzte er sich ruckartig auf. Der Schlaf war wie weggeblasen. Er hatte nur noch einen Gedanken: Fliehen!

Er kleidete sich an, stopfte die am Vorabend verstreuten Sachen in die Tasche und überlegte, wie er es mit der Bezahlung machen sollte. Heimlich, sozusagen auf französisch zu verschwinden hätte bedeutet, sich auch beim Portier und der Kassiererin nicht mehr zu melden, doch das erlaubte ihm sein Gewissen nicht. So entschloß er sich zu einem Kompromiß. Er hinterließ auf einem Zettel die Nachricht: «Bin sehr früh abgereist. Wollte niemanden wecken. Anbei das Geld für die Übernachtung.» Er fügte dem Zettel einen Zehner bei, legte beides auf das Zeitungstischchen, beschwerte es mit der Vase und stahl sich aus dem Zimmer.

Die Haupttreppe befand sich links. Rechter Hand wies ein handgeschriebenes Pappschild auf den Notausgang, den Umnow benutzte. Er durchquerte den Hof mit den überquellenden Müllbehältern und gelangte auf den Platz, wo er neben dem Hotelvordach einsam seinen Wagen stehen sah. Er flitzte hin, sah sich dabei jedoch mehrmals um. Es schien ihn niemand zu verfolgen, der Paradeeingang des Hotels war noch mit einem primitiven Holzbalken verschlossen. Er setzte sich in den über Nacht ausgekühlten Wagen, zog den Choker, betätigte den Zündschlüssel. Ohne abzuwarten, bis der Motor sich erwärmte, startete er. Da war wieder die finstere Straße zwischen den Häusern, und dann kam auch die Chaussee, die – wie er annahm – zur Fernverkehrsstraße nach dem Süden führte. Jedenfalls waren sie am Vortag von der Fernverkehrsstraße geradewegs auf diese Chaussee gelangt.

Es war noch früh, die Straßen waren leer, die Ampeln noch nicht eingeschaltet. Umnow erreichte die Vorstadtsiedlung, raste vorbei an langen Zäunen, bis auch diese zu Ende waren und die Fernverkehrsstraße begann. Er ließ die Scheibe ganz herunter und setzte das Gesicht dem kalten Wind aus. Alles lag nun hinter ihm, der ganze Fieberwahn, die Phantasmagorie des Banketts, Wassil Denissytsch mit seinen vielsagenden Toasts, die schöne Larissa, der Milizhauptmann, der cremefarbene Direktor, die Dame mit der Rose... Zunächst versuchte er sich einzureden, es sei alles nur Einbildung gewesen, ein böser Traum. Erst einmal so weit wie möglich weg von hier, später würde er alles durchdenken und analysieren, falls er dazu in der Lage war.

Umnow zog leicht das Lenkrad herum, nahm elegant die Kurve, überwand eine lange Steigung und sah plötzlich ... ein spielzeughaft wirkendes Städtchen vor sich, dicht an die Autostraße geschmiegt, mit Kirchenkuppeln, Neubauten, Schornsteinen, Gärten. Er traute seinen Augen nicht, hatte Angst, sich die schreckliche Vermutung einzugestehen, die sich in ihm regte. Heftig trat er aufs Gaspedal, der Zeiger des Tachometers sprang von hundert auf hundertvierzig. Er verkrallte sich ins Lenkrad und starrte durch die Frontscheibe, bis er vorn wieder die bekannte Stele mit der nicht weniger bekannten Inschrift «Krasnokiteschsk» auftauchen sah.

Er trat auf die Bremse, der Schiguli kreischte auf, kam sogar etwas ins Schleudern und hielt genau unter der Aufschrift. Umnow stellte den Motor ab, stieg aus, setzte sich ins Gras und starrte stumpfsinnig auf den niedrigen Himmel am Horizont, der ungetrübt rein und hell war, lediglich ein einsamer Wolkenfetzen versuchte sich an die weithin sichtbare Fernsehantenne auf der hohen Kirchenkuppel zu klammern.

Es half alles nichts: Er war wieder da, wo alles seinen Anfang genommen hatte ... Alles Nonsens, dachte er und wurde immer wütender. Ich bin einfach falsch gefahren ... Er stürzte zurück zum Auto, wendete und raste los, vorbei an denselben Zäunen, an den ersten Neubauten, dem Kaufhaus, dem Feinkostladen, dem Café «Freundschaft» und immer weiter geradeaus, vorbei an dem blauen Wegweiser «Zentrum», an dem er tags zuvor mit dem Ehrengeleit vorbeigefahren war – einen anderen Weg gab es nicht. Es gab ihn nicht, basta!

Das heißt, auch wenn er in Richtung Moskau fuhr, würde er wieder in Krasnokiteschsk landen, nur von der entgegengesetzten Seite her ...

Umnow lächelte unfroh. Wenn ihm jemand so eine Geschichte aufgetischt hätte, er hätte ihn ausgelacht.

Es gab nun nur noch eine Möglichkeit: nach einer anderen Straße zu suchen, einer ganz anderen. Diese hier war anscheinend eine Ringstraße. Umnow bremste an der Kreuzung beim Feinkostladen, wo sich bereits eine Schlange von Hausfrauen gebildet hatte. Er ging auf sie zu, grüßte höflich und fragte, wohin die Straße führe. Die Frauen sahen einander an, die Frage erschien ihnen gar zu einfältig, und eine von ihnen, die einen Rucksack trug, sagte:

«Zunächst in die Vorstadt, auf die Mjasnikow-Straße, und dann aus der Stadt heraus. Wohin möchten Sie denn?»

«Ich komme aus Moskau, und ich will nach Süden.»

«Er scheint richtig zu fahren, was?»

Die Frauen brabbelten etwas, diskutierten, kamen aber dann rasch überein, daß er richtig fahre. Wenn er sich immer geradeaus halte, gelange er direkt nach Süden.

«Gibt es denn noch eine andere Stadtausfahrt?» fragte Umnow verfänglich.

«Kommt darauf an, wohin», meinte die mit dem Rucksack.

«Irgendwohin.»

«Wie das?» Die Frau begriff nicht, auch die anderen starrten ihn mißtrauisch an.

«Na, eben nicht nach Süden. Nach Westen, nach Osten ... Hauptsache raus aus dieser Stadt.»

«Gibt's nicht», sagte die Frau mit Rucksack nun schon nicht mehr so freundlich. «Auch wenn Sie durchs Zentrum, durch die Gogol-Straße und die Straße der Ersten Kommissare fahren, kommen Sie wieder auf der Mjasnikow-Straße heraus ... Nein, es gibt keine andere Ausfahrt, nur diese hier ...»

Am Auto erwartete ihn schon der sattsam bekannte Hauptmann der Verkehrsmiliz.

«Fahren Sie spazieren?» Er ließ die Goldkrone blitzen.

«Ich will weg von hier.»

«Larissa ist ganz aus dem Häuschen, sucht Sie überall. Wassil Denissytsch hat schon dreimal angerufen... Sie müssen zurück, Andrej Nikolajewitsch, wir haben doch ein Programm für Sie!»

«Was für ein Programm, zum Teufel?» setzte Umnow sich müde zur Wehr. «Ich will weg von hier, verstehen Sie? Weg!»

«Unmöglich», meinte der Hauptmann bekümmert. «Wassil Denissytsch würde das übelnehmen.»

«Zum Kuckuck mit ihm.»

«Ich muß sehr bitten!» Die Stimme des Hauptmanns wurde streng. «Auch wenn Sie Gast sind, haben Sie kein Recht, die Obrigkeit mit solchen Ausdrücken zu belegen.»

«Schon gut.» Umnow setzte sich ergeben ins Auto. «Leiten Sie mich, Hauptmann, wohin Sie wollen: zu Larissa, zu Wassil Denissytsch, zum Teufel selber... Sie haben gewonnen.»

«Das tun wir immer», sagte der Hauptmann mit derselben gewichtigen Stimme wie Wassil Denissytsch, schritt zum Motorrad, bestieg es wie sein Roß und bedeutete mit der Hand im Stulpenhandschuh, ihm zu folgen.

Der cremefarbene Hoteldirektor empfing Umnow so, als hätte dieser sich nicht auf französische Art aus dem Staub gemacht, sondern lediglich einen kleinen Spaziergang durch die Stadt unternommen.

«Nehmen Sie Ihr Geld zurück.» Der Direktor streckte ihm den Zehner hin. «Sie zahlen pauschal, wenn Sie mal abreisen sollten.»

Dieses «wenn Sie mal abreisen sollten» gefiel Umnow gar nicht. Wollte man ihn etwa dabehalten? Der Direktor jedenfalls schien diese Absicht zu hegen. Waren hier denn alle übergeschnappt? Sollte er ewig hierbleiben, vielleicht um politisches Asyl bitten? Eine Schlagzeile in der Zeitung: «Journalist aus dem roten Moskau bittet um politisches Asyl im alten Krasnokiteschsk.»

«Übrigens... Wie heißt Ihre Zeitung hier? Gibt es überhaupt eine?» fragte er.

«Aber natürlich.» Der Direktor tat gekränkt. «‹Krasnokiteschsker Prawda› heißt sie.»

Prost Mahlzeit, dachte Umnow belustigt und ging hinauf zu seinem Zimmer. Weit sind wir gekommen: die Wahrheit von Krasnokiteschsk, die Wahrheit des Nordpolargebiets, die Wahrheit Sibiriens, des Urals, des Fernen Ostens... Die städtische, die Bezirks-, die Kreiswahrheit. Jeder hatte seine eigene. Klein, aber mein! Und das Komischste daran: Alles nur Bluff, alle «Wahrheiten», das heißt Zeitungen, drucken ein und dasselbe, nämlich was Moskau schickt: TASS-Meldungen, APN-Informationen. Auch ein paar lokale Nachrichten von der heimischen Obrigkeit als da sind: Perestroika-Erfahrungen, Spitzenleistungen in der Produktion, ein Elch, der in der Stadt aufgetaucht ist... «Krasnokiteschsker Wahrheit» – ein einziger Selbstbetrug. Ein Nadelstich, und die Blase platzt. Nichts bleibt.

In seinem Zimmer verstaute er die Tasche wieder im Schrank, und da klingelte auch schon das Telefon.

«Was ist?» fragte Umnow gereizt.

Er hatte sich vorgenommen, diesen Leuten hier so lange Grobheiten an den Kopf zu werfen, bis sie den Kanal voll hatten und ihn der Stadt verwiesen. Die ehrbare «Krasnokiteschsker Prawda» würde ihn dann den «Rowdy aus der Hauptstadt» nennen. Ob das seiner beruflichen Karriere schaden würde? Was, wenn sie den Artikel seinem Chef zusandten? Dann würde er einen Atlas hervorholen und nachweisen, daß eine Stadt dieses Namens überhaupt nicht existiere, daß das Ganze eine Mystifikation, eine Provokation westlicher Geheimdienste sei...

«Andrjuscha», klang Larissas Stimme aus dem Hörer, «wo steckst du bloß? Ich rufe die ganze Zeit an ...»

«Na und? Was willst du?»

Nicht gerade fein, so mit einer Frau zu reden. Aber Taktik war nun mal Taktik, es ging hier nicht um Larissa als Frau, sondern als Gefängnisaufseherin, als widerlicher Zerberus, wenn auch mit Rock.

«Es ist jetzt acht Uhr dreißig.» Larissas Stimme wurde sachlich. «Du hast noch Zeit zu frühstücken, der Direktor wird dir zeigen, wo. Punkt zehn erwarte ich dich dann unten im Wagen.»

«Ich hab selber einen.»

«Der kann sich inzwischen ausruhen. Wassil Denissytsch hat uns seinen zur Verfügung gestellt, mit Radiotelefon. Er wird anrufen.»

«Wundervoll! Und wo geht's hin?»

«Ich hab ein Programm. Sobald es vervielfältigt ist, kannst du's lesen und wir besprechen es.»

Umnow knallte den Hörer auf die Gabel. Von Frühstück wollte er nichts wissen – er spuckte auf deren Fraß! Statt dessen beschloß er, sich zu rasieren.

Larissa saß auf dem Rücksitz eines schwarzen Wolga, auf dessen poliertem Wagendach sich verschämt die Krasnokiteschsker Sonne spiegelte.

«Setz dich zu mir.» Larissa öffnete den hinteren Schlag.

«Hinten wird mir übel.» Er nahm vorn Platz und fügte entschuldigend hinzu: «Hier ist auch die Sicht besser.»

Larissa schien seine rüde Art nicht zu bemerken. Entweder hatte sie Anweisung von Wassil Denissytsch, alles lächelnd zu schlucken, oder diese Umgangsform wurde von der hiesigen Weiblichkeit als besonders männlich geschätzt.

«Sieh dir das Programm an.» Larissa hielt ihm einen vervielfältigten Text hin, auf dem zu lesen stand:

*Programm für den Aufenthalt von A. N. Umnow in Krasnokiteschsk.*

*Erster Tag:*

*Frühstück:* 8.30
*Besuch der Kinderwagenfabrik «Pawel Morosow»:* 9.15–11.15
*Mittagessen:* 13.00–14.00
*Mittagspause:* 14.00–15.00
*Besuch der Städtischen Poliklinik:* 15.30–16.30
*Besuch des Sportzentrums «Recke»:* 17.00–19.00
*Abendbrot:* 19.00–20.00
*Danach Abendunterhaltung nach Sonderprogramm*

Umnow las sorgfältig und äußerte dann sein Befremden:

«Ich habe mehrere Fragen», sagte er. «Erstens: Was bedeutet ‹erster Tag›? Zweitens: Was ist das für ein Sonderprogramm am Abend? Drittens: Ich möchte weder die Kinderwagenfabrik noch die Poliklinik besuchen. Fabriken reizen mich nicht besonders, und um medizinische Einrichtungen mache ich von jeher einen großen Bogen.»

Larissa lachte auf und berührte mit der Hand den Lederrücken des schweigsamen älteren Chauffeurs, dessen Gesicht hinter einer dunklen Brille von gigantischen Ausmaßen verborgen war.

«Fahren Sie nur zu, Genosse», sagte sie, und zu Umnow gewandt: «Deine Fragen kann ich beantworten, Andrjuscha. Erster Tag deshalb, weil es einen zweiten gibt. Das Sonderprogramm soll eine Überraschung sein. Was die Fabrik und die Poliklinik betrifft, so wird das sehr interessant sein, Andrjuscha, sehr! Dort läuft ein Experiment, ein wichtiges, ganz im Geiste der Zeit – ein Experiment, das auf die gründliche Perestroika sowohl der

Arbeit selbst als auch des Bewußtseins der Werktätigen ausgerichtet ist. Ihr in der Hauptstadt nehmt solche revolutionären Umwälzungen gerade erst in Angriff, wir dagegen . . » Sie brach ab und rief aus: «Sieh mal, da kommen meine Leute!»

Umnow blickte aus dem Fenster. Auf dem Gehweg bewegte sich eine Kolonne hochmodisch gekleideter Jugendlicher. Darunter waren Heavy-Metal-Fans, behängt mit Ketten, Klimperzeug, Armbändern, mit dornenbesetzten Ledermanschetten um Handgelenke und Ellbogen, Punks in ausgeblichenen, ausgefransten Jeansklamotten, ausrasierten Schläfen, das Haar aufgerichtet wie Hahnenkämme und pastellfarben getönt, Break-Tänzer in Pluderhosen und Sportschuhen, mit schmalen Plastikbrillen auf den steinernen Gesichtern. Sie alle wirkten kantig, eckig, roboterhaft. Es gab Bodybuilder in karierten Hosen und mit entblößtem Oberkörper, den Bizeps, Trizeps und Quadrizeps geballt, blutjunge Skateboardläufer in Shorts und T-Shirts mit Michael Jackson und Wladimir Presnjakow darauf. Die seltsame Kolonne wurde auf der Straße von einer Eskorte aus Rockern auf Motorrädern begleitet, alle von Kopf bis Fuß in Leder, mit Helmen, wie sie Kosmonauten oder Piloten von Düsenflugzeugen tragen. Die Motorräder fuhren ohne Schalldämpfer, da sich die Prozession jedoch mit geringer Geschwindigkeit bewegte und die Jugendfreunde nicht unnötig Gas gaben, war der Lärm nicht allzu groß.

All diese arg unterschiedlichen Gruppen trugen an hohen Stangen einträchtig selbstgefertigte Plakate, die wie Kirchenfahnen im Wind baumelten. Auf den Transparenten prangten in Schwarz, Rot, Grün, Gelb Aufrufe, offenbar aus unerschütterlicher Komsomolzen-Begeisterung heraus geboren: «Alles für die Ausgestaltung des Kooperativ-Cafés!», «Es lebe die wirtschaftliche Rechnungsführung!», «Privatinitiative – Unterpfand der Zukunft!», «Platz den inoffiziellen Jugendverbänden!»*

«Was soll das?» fragte Umnow verdattert.

«Sag ich doch: meine Leute...» Larissa beugte sich fast bis zum Gürtel aus dem Fenster, schwenkte den Arm und schrie: «Seid gegrüßt! Wie ist die Stimmung? Hauptsache, das Herz bleibt jung!»

In der Kolonne kam Bewegung auf. Die Rocker ließen die Motorräder aufheulen. Die Break-Tänzer vollführten eine wellenartige Verrenkung, die Heavy-Metal-Fans stießen ihren rechten Arm in die Luft und machten mit den Fingern das V-Zeichen. Die Kraftprotze spannten furchterregend ihre unglaublichen Muskeln. Die Punks schlugen verhalten die Augen nieder, und die Skateboardfahrer riefen etwas im Chor.

«Was soll diese Maskerade?» wiederholte Umnow. «Die sind doch überhaupt nicht *echt*!»

Ihn befremdete das Theatralische der Prozession, das irgendwie unnatürliche statistenhafte Gebaren. Das Wort traf es genau: Es waren Statisten. Offenbar hatte man vorbildliche Komsomolzen in Karnevalskostüme gesteckt und sie angewiesen, sich entsprechend zu benehmen.

«Nicht echt? Echter geht's gar nicht!» protestierte Larissa. «Wir haben eine Versammlung einberufen, haben die Besten ausgewählt, die Würdigsten, haben sie der Komsomol-Leitung empfohlen, haben alles organisiert, die Requisiten beschafft. Die Gesellschaft für Sport und Technik hat die Motorräder bereitgestellt. Wir haben Gruppen gebildet... Jetzt wollen sich die Jugendlichen ein eigenes Lokal einrichten. Man hat uns Räumlichkeiten zur Verfügung gestellt, einen ehemaligen Zellentrakt bei der Miliz. Die Gitter montieren wir ab, streichen alles neu, besorgen Möbel und betreiben das Lokal auf Privatbasis...»

* In der Sowjetunion ist neuerdings auch die Bildung von «inoffiziellen Vereinigungen» erlaubt, im Unterschied zu den staatlich sanktionierten offiziellen Vereinigungen und Verbänden.

«Wer ist ‹wir›?»

«Der Komsomol.»

«Der Leninsche Allunions-Komsomol? Der ganze?»

«Nein, natürlich nicht... Wir ermitteln die besten, stimmen ab.»

«Und wer steckt den Gewinn ein?»

«Alle.»

«Und wofür gebt ihr *alle* diesen Gewinn aus?»

«Das ist das geringste Problem.» Larissa lachte. «Erst mal muß er erwirtschaftet werden...»

«Sag mal, was bist du eigentlich – Komsomol-Sekretärin?»

«Ist die genaue Bezeichnung der Funktion denn so wichtig? Ich bin ‹die Tochter der Stadt›. Gefällt dir das besser?»

Wer mag wohl die Idee mit den «Inoffiziellen» gehabt haben, fragte sich Umnow? Sie etwa? Wer auch immer darauf gekommen war – entweder war es ein Kretin oder ein Genie. Ein Kretin, wenn er es ernst gemeint hatte, und ein Genie, wenn sich der Betreffende darüber lustig machen wollte. Doch über wen? Über die Jugendlichen?

Der Wolga hielt an einem giftgrün gestrichenen, massiven Eisentor. Über dem Tor prangte in halbmetergroßen Metallettern die Aufschrift «Werk für Mehrlingskinderwagen».

Neben dem Tor stand ein modernes Pförtnerhäuschen aus Glas und Beton, in das Larissa ihren Gast führte, wobei sie den ledernen Chauffeur im Weggehen anwies:

«Warten Sie auf uns, Genosse. Wir sind bald zurück.»

Hinter dem Pförtnerhäuschen empfingen drei stämmige Männer Umnow und Larissa. Auch sie trugen graue Anzüge, doch von etwas schmuddeliger Farbe und einfacherem Stoff als die Anzüge der Stadtväter.

«Unser Gast Andrej Nikolajewitsch Umnow», sagte Larissa, «ein bekannter Journalist aus Moskau.»

Die Gastgeber stellte sie ihm seltsamerweise nicht vor.

Die kräftigen Männer drückten Umnow die Hand, und einer sagte herzlich: «Sehr angenehm. Entschuldigen Sie, daß unser Direktor und sein Stellvertreter Sie nicht gleich empfangen können. Sie bereiten sich noch vor ...»

«Worauf denn?» wollte Umnow wissen.

In seiner von den Ereignissen erhitzten Phantasie entstand ein schreckliches Bild: Der Direktor und sein Stellvertreter lernen die Begrüßungsreden auswendig, die sie bei der Begegnung mit dem zehnmillionsten Besucher von Krasnokiteschsk halten werden. Jede Rede an die vierzig Minuten ...

«Auf die Wahlen», erläuterte einer der Männer. «Sie sind an einem wichtigen Tag zu uns gekommen. Heute wählen die Arbeiter des Werkes den neuen Direktor, seinen Stellvertreter, den zweiten Stellvertreter, den Chefingenieur, den Cheftechnologen und den Chefenergetiker.»

«Alle auf einmal?» fragte Umnow verwundert.

«Warum in die Länge ziehen?» antwortete einer der drei, während die anderen lächelten, synchron mitnickten und damit zu verstehen gaben, daß dies die diskutierte und bestätigte Meinung aller sei. «Ja, früher, da hätten sechs Funktionen sechs Versammlungen erfordert. Jede hätte wer weiß wie lange gedauert. Das Volk muß sich schließlich aussprechen können. Sechs Versammlungen bedeuten aber auch sechs Arbeitsschichten. Sechs Schichten sind etwa tausend Mehrlingskinderwagen. Wir würden unseren Plan nicht erfüllen, keine volle Kollektivprämie beziehen ...»

«Stop, stop ...» Umnow hob beschwichtigend die Hände, als wollte er sagen: Ich ergebe mich, das überzeugt mich, wie konnte ich nur so dumm fragen. «Alles klar. Keine volle Prämie bedeutet für den einzelnen den Verzicht auf den geplanten Fernseher. Ein nicht gekaufter Fernseher wiederum bedeutet soviel wie eine unterentwickelte Familie, und eine solche spräche für nicht vollendeten Sozialismus. Die Kette ist äußerst logisch. Und wie lange wollen Sie heute sitzen?»

«Das wird vom Verlauf der Versammlung abhängen», entgegnete der schmutziggraue Mann zögernd. «Wir haben insgesamt siebenundneunzig Kandidaten, und es kann Unvorhersehbares eintreten.»

«Wie-ie-vie-iel?»

Nach all dem, was Umnow seit dem vergangenen Abend erlebt hatte, konnte ihn schwerlich noch etwas erschüttern. Die willkommenen Winde der Veränderungen wehten in Krasnokiteschsk aus den unterschiedlichsten und kaum erwarteten Richtungen. Aber siebenundneunzig Kandidaten, das war ja ein Alptraum...

«Wir haben eine Umfrage in der Stadt gemacht, und die Leute haben die Besten genannt. Nun stehen sie alle auf der Liste.»

«Larissa», sagte Umnow leise, «das dauert ja ewig. Wir werden unser Tagesprogramm nicht einhalten können. Wassil Denissytsch wird uns das nicht verzeihen. Wer sind diese Verrückten?»

«Keine Bange», sagte ebenso leise Larissa. «Es ist alles berücksichtigt... Das sind keine Verrückten, sondern die Vertreter gesellschaftlicher Institutionen, die Herren der Fabrik.»

«Du irrst, Larissa», meinte Umnow, der sich im Aufkleben von Etiketten gut auskannte, ist doch jeder Journalist immer auch ein wenig Warenkundler. «Die Herren der Fabrik sind die Arbeiter, und die gesellschaftlichen Vertreter sind die Diener des Volkes.»

«Nicht ganz», widersprach Larissa, «Diener des Volkes sind die Hauptamtlichen, diejenigen, die für ihren Dienst bezahlt werden. Diese drei aber sind gewählt, zwei sind Vertreter der wissenschaftlich-technischen Intelligenz, der dritte ist selber Arbeiter. Also sind es doch die Herren...»

So setzten sie sich in Bewegung, gleichsam eine Unterhaltung über soziologische Terminologie führend. Umnow hörte Larissa zu und wunderte sich, daß sie diesen ganzen Unsinn ernst nahm, nicht einmal lächelte. Doch er spürte in ihrer Stimme auch eine leichte Amüsiertheit. Worüber aber? Über ihn etwa? Über die komplizierte Hierarchie der Benennungen? Oder darüber, daß er diese Hierarchie nicht kannte?

Die Herren hielten sich indes nicht weiter auf, sie eilten voraus zur Versammlung, zum demokratischen Akt. Umnow gelang es dennoch, eine ihn quälende Frage loszuwerden.

«Sagen Sie mir doch», rief er den gußeisernen Rücken hinterher, «weshalb es unbedingt Mehrlingskinderwagen sein müssen.»

«Aus technologischen Gründen», warf einer der Arbeiterherren über die Schulter. «Nach den vom Ministerium bestätigten technischen Normen. Beeilen Sie sich, Genosse Journalist, wir kommen ohnehin zu spät.» Alle drei verschwanden hinter der Tür der Werksleitung.

«Ich verstehe überhaupt nichts», sagte Umnow verzweifelt und stieg mit Larissa die breite, aus gegebenem Anlaß eigens mit einem Teppich ausgelegte Treppe hinauf.

Larissa erbarmte sich seiner und erklärte: «‹Mehrling› ist einfach der Oberbegriff. Wir stellen Kinderwagen für Zwillinge, Drillinge, Vierlinge und Fünflinge her.» Und mit der gelangweilten Stimme eines professionellen Reiseführers fügte sie hinzu: «Als einziges Werk in der Sowjetunion.»

«Ist die Nachfrage nach Fünflingswagen groß?» wollte Umnow wissen.

«Die mittelasiatischen Republiken nehmen die ganze Produktion ab.»

Zu weiteren Ausführungen kam Larissa nicht mehr, weil sie den großen, dicht gefüllten Versammlungssaal betraten. Umnow hatte auf dem Podium rund hundert erwartet – sämtliche Kandidaten plus einige «Fabrikherren» –, doch es war erstaunlich leer auf der Bühne: Nur sieben Personen saßen am Präsidiumstisch, der mit einem grünen Billardtuch bedeckt war. Rechts vom Tisch standen wie üblich die Wanderfahnen, deren Schäfte wiederum an Billardstöcke erinnerten. Zwischen der ersten Reihe und der Bühne hatten sich Fernsehleute postiert mit transportablen Kameras, Reporter mit Fotoapparaten Marke «Leica», «Nikon», «Zenit» sowie ein Zeichner, der in Blitzesschnelle die Porträts der Werktätigen auf Blättern skizzierte, die er dann aus seinem Zeichenblock riß und freigebig an die Porträtierten wegschenkte. Außerdem standen noch zwei Tafeln mit zahlreichen Schwarzweiß-Fotos auf der Bühne.

«Die Kandidaten», flüsterte Larissa.

Im Gang wurden sie vom Gedränge etwas aufgehalten, doch dann bemerkte man sie vom Präsidium aus.

«Genosse Umnow, hierher bitte!»

«Danke, ich lasse mich hier nieder!» rief Umnow zurück und setzte sich rasch mit einer Gesäßbacke auf eine Stuhlhälfte in der zehnten Reihe. Der auf der anderen Kante Sitzende rückte bereitwillig ein Stück beiseite.

«Kommen Sie, Andrej Nikolajewitsch, wir müssen dorthin.» In Anwesenheit anderer siezte Larissa ihn.

«Geh du nur», entsann sich Umnow seiner Taktik. «Ich sitze auch hier gut.»

Larissa zögerte einen Augenblick und drängte sich dann entschlossen nach vorn zur Bühne. Dort ließ sie sich ganz am Rande des Präsidiums nieder, so wie es sich für die gut erzogene Tochter der Stadtväter gehört.

Der Versammlungsleiter trug einen sauberen grauen Anzug, sein Gesicht kam Umnow bekannt vor – hatte er auf dem Bankett nicht links von Wassil Denissytsch gesessen? Ja, er war es, einer der vertrauten Stadtväter... Er erhob sich monumental, klopfte monumental mit dem Glas gegen die Wasserkaraffe und hielt eine monumentale Rede. Und obwohl der gebildete Umnow begriff, daß man auf russisch «monumental klopfen» oder «reden» nicht sagen kann, weil Monumente sich nicht bewegen und nicht reden, fand er keinen anderen angemessenen Vergleich. Die Hiesigen machten *alles* monumental.

«Wir haben uns heute hier versammelt», hob das Monument an, «um einen wahrhaft demokratischen Akt zu vollziehen: Wir wählen die Leitung des Werkes, die würdig eure Politik in die Tat umsetzen wird. Die Politik also, die ihr ihnen befehlt durchzuführen. Daher nimmt die Stadt, muß ich euch sagen, diesen Vorgang sehr ernst. Die würdigsten Menschen von Krasnokiteschsk sind nominiert worden, die fähigsten. Hier zum Beispiel die Physiklehrerin Margarita Kaschina. Sie wurde von den Schülern als Chefenergetiker vorgeschlagen, von euren Kindern, Enkeln also, und die Abteilung Volksbildung hat das unterstützt... Hier der Schlosserbrigadier Gajek Melkonjan. In seinem Bereich hat es nie Ausfälle in der Wasserversorgung gegeben, ebensowenig in der, entschuldigen Sie, Kanalisation. Ihr selbst nutzt täglich diese Vorzüge der Zivilisation, die euer Kandidat für den Posten des Cheftechnologen gewissenhaft intakt hält... Da ist die Zahnärztin der Stomatologischen Poliklinik Tamara Rwanzowa. Ihr kennt sie gut, sie ist Vorsitzende des Frauenrates eures Betriebes, richtiger, des Rates der Frauen, der sie für den Direktorenposten aufstellte. Eure Frauen, liebe Freunde, eure häuslichen Königinnen... Auch von den Rentnern ist ein Kandidat aufgestellt worden: der ehemalige Brigadier der Gießerei, der Kriegs- und Arbeiterveteran Grigori Starzew, ebenfalls, das sei bemerkt, ein Vorsitzender, nämlich vom Rat der Veteranen des Werkes. Ihn haben unsere Altgedienten als Direktor vorgeschlagen... Doch was soll ich lange aufzählen! Ihr selber habt die Listen gesehen, studiert, erörtert, kennt alle Kandidaten. Ich füge lediglich hinzu, daß neben ihnen auch die heutigen Leiter des Betriebes kandidieren, die ihr ebenfalls kennt. Also was sollen wir hier lange Zeremonien nach Art der Chinesen machen, wir leben nicht in China... Schreiten wir also zur Diskussion, ohne falsche Rücksichten und ganz unparteiisch.»

Damit nahm der Stadtvater, dieses Monument, Denkmal des entwickelten Sozialismus, wieder Platz.

Umnow blickte sich um: War es möglich, daß die Anwesenden, die den Saal zum Brechen füllten, diesen Unsinn ernst nahmen? War es möglich, daß sie ernsthaft für den Dreher und die Zahnärztin stimmen würden? Würde tatsächlich keiner aufstehen und sagen: «Kinder, Demokratie ist schließlich kein Spiel mit Zinnsoldaten. Heute bin ich mal der General und morgen du...» Na schön, das Bankett mit Kompott lasse ich mir noch gefallen als harmlose Idiotie. Schön, die kostümierten Punks und Rocker sind auch gerade noch akzeptabel, die Idee ihrer «Bewegung» ist zum Glück völlig harmlos. Aber ein Direktor muß doch ein Professioneller sein! Ein Energetiker und ein Technologe müssen ihre Sache verstehen! Und plötzlich hörte er eine innere Stimme, die eine altbekannte Wahrheit deutlich aussprach: «Es sind nicht Götter, die die Töpfe brennen, Genosse Umnow!» Das ist ja das Kränkende, daß es nicht die Götter sind. Hatte es etwa in den verflossenen sieben Jahrzehnten das nicht gegeben, daß ein Chemiker Minister wurde... Was für einer? Nun, sagen wir, Kulturminister. Und daß ein Metallarbeiter Kolchosvorsitzender wurde? Und ob es das gegeben hat, hundertfach! Hatte sich etwa nicht so mancher gute Werkdirektor voll in die Parteiarbeit gestürzt, bei der man nicht nur die Menschen verstehen muß, sondern Probleme zu lösen hat, mit denen er nie zuvor zu tun hatte? Nach der Devise: Wenn du es nicht schaffst, helfen wir dir, und wenn du überhaupt nicht zurechtkommst, versetzen wir dich auf einen anderen

Posten. Der Gefängnischef wird zum Theaterintendanten ernannt. Der ehemalige Jurist zum obersten Direktor aller Zirkusunternehmen des Landes... Na und? Wenn man beispielsweise heute die Physiklehrerin zum Chefenergetiker wählte, würde sie ja nicht allein arbeiten. Ihre Untergebenen wären natürlich Profis. Selber hat sie ja in ihrem Institut auch etwas über Energetik gelernt, kann das Ohmsche Gesetz vom Faradayschen ohne weiteres unterscheiden. Soll sie also ruhig für Energetik verantwortlich sein. Wir wiederholen nochmals: Nicht die Götter sind es, die die Töpfe brennen.

Mein Gott, dachte Umnow, wie lange werden wir noch nach diesem unsinnigen Prinzip leben? Wann werden wir verstehen, daß nicht Töpfe gebrannt werden müssen, sondern der Staat vor schlechten Töpfern gerettet werden muß?

Doch da entstand im Präsidium Bewegung, und in Umnow, der sich schon über nichts mehr wunderte, regte sich der Verdacht, daß die Veranstalter der Farce noch etwas in petto hatten. Mehr noch, das verehrte Publikum war bestens darüber informiert, wie sonst würde «das Volk schweigen»?

Der Versammlungsleiter erhob sich abermals und trug eine wichtige Ergänzung vor. Er erklärte:

«Genossen, es gibt einen wesentlichen neuen Tatbestand. Im Präsidium sind soeben Rücktrittserklärungen eingegangen. Die Bürgerin Kaschina zum Beispiel schreibt: ‹Ich bitte darum, meine Kandidatur zu streichen, da ich fühle, daß ich der Heimat auf dem Gebiet der naturwissenschaftlichen Pädagogik von weit größerem Nutzen bin.› Eine edelmütige Erklärung, Genossen, das nenne ich Bürgermut. Ich denke, wir sollten Achtung davor haben. Stimmen wir gleich darüber ab, oder wollen wir uns noch die anderen Rücktrittserklärungen anhören?»

Aus dem Saal war zu hören:

«Die anderen auch gleich... Wozu in die Länge ziehen... Anhand der Liste werden wir dann sofort andere...»

«Also, hier eine weitere Rücktrittserklärung von Gajek Melkonjan: ‹Ich bitte, meinen Namen zu streichen, da ich fühle, der Heimat von weit größerem Nutzen auf dem Gebiet der Wasserversorgung und Kanalisation zu sein.› Das ist ebenfalls Zivilcourage, Genossen. Hut ab vor so viel Selbstlosigkeit! Und das folgende erklärt uns Tamara Rwanzowa: ‹Ich ziehe meine Kandidatur zurück, da ich das Gefühl habe, der Heimat von weit größerem Nutzen auf dem Gebiet der Herstellung von Zahnprothesen zu sein›... Er beugte sich zu dem schmutzig-grauen Nachbarn, der ihm etwas zuflüstern wollte: «Insgesamt einundneunzig Rückzieher. Soll ich die Namen aufzählen?»

«Nicht nötig!» brüllte man aus dem Saal. «Wir wissen auch so Bescheid. Stimmen wir über die restlichen ab!»

«Bei den auf der Liste übriggebliebenen sind ohnehin die, die ihr am besten kennt. Für den Posten des Werkdirektors kandidiert der jetzige Direktor Eduard Molotschkow. Für die Posten seiner Stellvertreter – seine bisherigen Stellvertreter Tischkin und Potapow. Für den Posten des Chefenergetikers...»

Umnow hörte nicht mehr hin. Tief gekrümmt zwängte er sich durch die Menge zum Ausgang, bemüht, daß ihn das Präsidium ja nicht bemerkte, ihn die wachsame Larissa nicht anrief und Befehl erteilte, ihn erbarmungslos einzufangen. Umnow hatte einen Plan. Zu seinem großen Leidwesen beinhaltete dieser Plan nicht schon die Flucht selbst – nach den morgendlichen Erfahrungen wäre sie vorerst noch zum Scheitern verurteilt –, sondern nur das Auskundschaften von Fluchtvarianten. Er hatte die Idee, die Stadt allein zu inspizieren. Sollten sie ihn dabei ruhig beschatten.

Er betrat das Foyer und atmete erleichtert auf. Die Farce mit den Töpfen für die Götter hatte sich in eine

Farce von demokratischer Wahl gewandelt. Die Liste hatten sie aufgestellt, hundert Kandidaten zusammengekratzt – vor den oberen Instanzen würden sie ein Bild abgeben, daß es einen umhaute. Die Instanzen tun zwar jetzt so, als ob sie nur außenstehende Beobachter wären, in Wirklichkeit aber, oh, wie sie sich doch in alles einmischen als Außenstehende! So kommt es, daß hier für jeden Posten nur einer zur Wahl steht. Oder genauer: sechs für sechs. Eine reiche Auswahl . . .

Umnow rannte die teppichbelegte Treppe hinab, überquerte den Fabrikhof, der um diese Stunde fast leer war. Ein paar Multicars, Selbstlader und kleine Elektromobile standen verwaist herum, lediglich drei Fahrer standen rauchend neben ihren roten Lastwagen, spuckten auf den Asphalt und fluchten leise. Eben auf diese Männer hatte Umnow es abgesehen – er hatte die Lkws schon bemerkt, als er zur Versammlung eilte.

«Worüber seid ihr so sauer, Kumpels?» fragte er rundheraus, trat näher, langte aus der Hemdtasche eine parfümierte indische Zigarette der Marke «Gold Line» und drehte sie geschickt zwischen den Fingern.

Einer der Fahrer ließ zuvorkommend das Feuerzug klicken.

«Nicht nötig», sagte Umnow. «Ich hab das Rauchen aufgegeben, halte die Zigarette nur so aus Gewohnheit in der Hand.»

Umnow war nie Raucher gewesen, trug aber stets Zigaretten bei sich: Als einer, der das Rauchen aufgegeben hatte, fand er viel leichter Zugang zu Rauchern. Kleiner Journalistentrick.

Die Fahrer fielen prompt darauf herein.

«Beneidenswert», meinte einer im karierten Hemd und tat einen vollen Zug. «Ich schaff's einfach nicht . . .»

«Willensstärke plus Charakter», zitierte der zweite den Sänger Wyssozki.

«Also: Worüber ärgert ihr euch so?»

«Wir stehen hier rum wie die Idioten», sagte der erste Chauffeur, «während die Ärsche da rumsitzen und großes Tam-tam machen.»

«Ihr holt wohl die fertigen Kinderwagen ab?»

«So ist es. Die Räder sollen ihnen abfallen!»

«Habt ihr sie weit zu transportieren?»

«Bis zum Lager.»

«Und wo ist das?»

«Hör mal, was willst du von uns? Bist wohl ein Spion, was?»

«Von wegen... Also wo ist das Lager?»

«So eine Klette... Na, Robinson-Crusoe zweiundvierzig. Zufrieden, Spion?»

«Ist das eine Straße?»

«Nein, eine Bierkneipe... Natürlich eine Straße!»

«In Krasnokiteschsk?»

«In London jedenfalls nicht!»

«Ihr seid also von hier...» Aus Umnows Stimme klang unverhohlene Enttäuschung. «Jungs, ob ihr's glaubt oder nicht – man hat mich in euerm Krasnokiteschsk eingesperrt. Ich wollte heute wegfahren, ich muß nach dem Süden, aber Pustekuchen...»

Die Mienen der Fahrer verhärteten sich, ihre von den Winden der Landstraße gegerbten Gesichter bekamen einen gänzlich abweisenden Ausdruck.

«Das kommt vor», sagte der erste verschwommen.

Die übrigen schwiegen, blickten zum Himmel auf, forschten nach Anzeichen von Regen, Gewitter, Windhosen, Sandsturm, so als ob sie nicht die lädierten Straßen von Krasnokiteschsk zu befahren hätten, sondern sich mit der wertvollen Ladung der Mehrlingskinderwagen für die mittelasiatischen Fünflinge über die Wolken erheben wollten.

«Was kommt vor?» hakte Umnow nach. «Ich mein's ernst, Jungs. Versteht doch, ich bin ganz schön angeschissen, und mir ist schrecklich zumute.»

Der erste Fahrer umfaßte ihn, als verstünde er Umnows vage Ängste. Er blies ihm seinen Zigaretten- und Bierdunst ins Gesicht und flüsterte vertraulich: «Glaub mir, Freund: Nicht aufmucken! Wenn du nicht rauskommst, dann ist das eben Schicksal. Das heißt, Krasnokiteschsk ist deine Stadt.»

«Was heißt meine? Wieso meine? Ich bin aus Moskau, klar? Ich bin Moskauer! Gebürtiger!»

«Worin unterscheidet sich denn dein Moskau von Krasnokiteschsk? Doch nur in der Größe. Im übrigen haben wir keine Zeit, mit dir zu palavern. Mach's gut, Moskauer. Füg dich – dann wird's auch klappen.»

Und wie auf Kommando schritten sie von dannen, ohne sich noch einmal umzublicken, ohne sich zu verabschieden, so als habe sich die Sachlage jäh verändert, als gäbe es auf einmal etwas höchst Wichtiges, als sei plötzlich größte Eile geboten und als könnten sie nun leeres Geschwätz mit irgendeinem Spion am allerwenigsten gebrauchen.

Unvermittelt tauchte vor Umnow ein Kater auf. Das Fell tigerfarben, der Schwanz wie eine Antenne aufgestellt, die Augen gelb gesprenkelt, die Pupille ein schwarzer Schlitz.

«Grüß dich», sagte Umnow. «Womit kann ich dienen?»

Der Kater gab trotz der unsinnigen Behauptung einiger Klassiker der Weltliteratur, eine gewisse Art von Katern könne sprechen wie unsereins, keine Antwort. Er wandte sich um und ging ein paar Schritte, sich auf den langen, dünnen Beinen wiegend und die magere Antenne bewegend, als wolle er Umnow hinter sich her locken.

Umnow lachte in sich hinein und folgte dem Kater. Er dachte daran, daß die Leute – abgesehen von seinen Bewachern – den Kontakt mit ihm, dem zugereisten Fremden, tunlichst mieden, während der Kater sich ihm geradezu aufdrängte. War er vielleicht ein Geistesverwandter, ebenfalls ein Fremdling, den es nach Krasnokiteschsk verschlagen hatte?

Sie gingen also hintereinander her, ohne Eile, würdevoll, bis sie an eine Stelle gelangten, wo die solide Metallumzäunung, die die Mehrlingskinderwagenfabrik von der Stadt abschirmte, ein ganz erhebliches Loch aufwies. Der Kater blieb stehen, blickte Umnow an, zwinkerte, nieste, gähnte, rieb sich mit der Pfote und verschwand wie vom Erdboden verschluckt.

Umnow kletterte durch das Loch, wo die Metallplatten mit übermenschlicher Kraft auseinandergedrückt worden waren, und hatte dabei ein wenig Bange, daß er sich die Hosen oder die Jacke zerreißen könnte. Er kam auf einem großen freien Platz heraus, genauer gesagt, auf der Schutthalde des Werkes, wo sich verrostete Metallkonstruktionen türmten, Papierballen, Blechkannen, Fässer, riesige verbeulte Kinderwagen – Ausschuß wohl – und sonstiger Müll.

Ringsum keine lebende Seele. Auch der Kater war verschwunden.

«He», sagte Umnow leise. «Ist hier jemand?»

Wind kam auf, hob Papierfetzen von der Erde, erfaßte bunte Bändchen, irgendwelche Lumpen, all das wirbelte über den Kopf des armen Umnow hinweg, dies und das blieb auch an ihm hängen: Ein rotes Band schlang sich um sein Gesicht, verfing sich im Haar. Umnow riß es herunter und wischte sich angeekelt die Hand an seiner Jeanshose ab. Der Wind legte sich ebenso plötzlich, wie er aufgekommen war, und im gleichen Augenblick trat hinter der Schrotthalde ein seltsamer Typ hervor – mager, lang, sich auf dünnen Beinen wiegend wie der Fabrikkater. Umnow kam der unsinnige Gedanke, daß der Kater sich vielleicht verwandelt habe. Das würde so recht zu der ganzen Geschichte passen . . .

Der Kater, das heißt, das Subjekt, trug einen sackartigen, grobgestrickten Pullover von undefinierbarer Farbe;

seine mageren Beine umspannte eine einst weiße Hose. Er trug einen Vollbart und war überhaupt langhaarig. Wäre nicht das Alter – er mochte um die Dreißig, Fünfunddreißig sein – hätte Umnow ihn für einen der kostümierten «Inoffiziellen» von Larissas Truppe halten können. Doch nein, die waren viel zu proper, zu komisch und karnevalsmäßig kostümiert gewesen, während dieser hier durchaus echt wirkte.

«Guten Tag», sagte Umnow höflich.

Das Subjekt antwortete nicht, es sah Umnow prüfend an, als überlege es, ob es ihm sofort eins mit den Überresten eines Mehrlingskinderwagens auf die Rübe geben oder noch etwas damit warten sollte.

Das Schweigen gefiel Umnow gar nicht.

«Hat der Kater mich etwa zu Ihnen geführt?» scherzte er, vielmehr schien ihm, daß er scherzte. Die idiotische Frage brachte das Subjekt immerhin zum Reden.

«Was für ein Kater?» fragte es.

Die Stimme entsprach seinem Äußeren: ausdruckslos, heiser, abgenutzt.

«Ein gewöhnlicher Kater.» Umnow geriet in Verwirrung, was ihm, dem draufgängerischen Reporter, so gar nicht ähnlich sah. «Es war nur ein Scherz. Entschuldigen Sie.»

«Was soll das?» fragte das Subjekt gereizt. «Wir suchen Sie in der ganzen Sadt. Die da», er betonte diese Worte, «haben Sie völlig abgeschirmt. Man kommt einfach nicht an Sie heran.»

Umnow fuhr auf. «Abgeschirmt? Und wer sind ‹die da›?»

«Was spielt das für eine Rolle!» Das Subjekt wurde zunehmend gereizter. «Da gibt es schon Methoden... Die da, das sind eben *sie*. Sie wissen schon... Hören Sie, wir müssen mit Ihnen reden.»

«Reden Sie.»

«Hier?» Das Subjekt lachte auf. Das Lachen klang so

knarrend und eingerostet, als stamme es ebenfalls von der Schrotthalde. «Hier schnappen sie uns im Handumdrehen. Lieber später, am Abend. Seien Sie um elf in Ihrem Zimmer, wir geben Ihnen ein Pfeifsignal.»

«Wer und von wo? Und überhaupt, wer sind Sie?»

«Das möchten Sie wohl gern wissen.»

«Ja, sogar sehr gern.»

«Alles zu seiner Zeit. Seien Sie im Zimmer.»

«Und wenn man mich bewacht? Mich sozusagen total abschirmt?»

Das Subjekt lachte wieder.

«Totaler geht's ja gar nicht mehr... Ihre Aufgabe ist es, allein zu bleiben. Alles übrige lassen Sie unsere Sorge sein.»

«Wer sind Sie denn?» Umnow brachte diese Geheimnistuerei in Rage: erst die Halde, dann der Windstoß, der Kater als Sendbote, das Subjekt aus einem Horrorfilm.

«Wenn Sie's nicht sagen, komme ich nicht.»

«Sie werden kommen», unterbrach ihn das Subjekt. «Sie brauchen uns genauso wie wir Sie. Das wär's. Erwarten Sie uns.»

Er verschwand wieder hinter der Halde. Umnow wollte ihm nach, doch es war schon zu spät: Das flinke Subjekt kannte sich hier anscheinend aus wie zu Hause – vielleicht war es auch sein Zuhause? –, zog sich blitzartig zurück wie unter Beschuß. Vielleicht befand er sich tatsächlich unter Beschuß?

Wenn ich bloß wüßte, was hier vorgeht, dachte Umnow bitter. Er kroch wieder durch das Loch und begab sich zum Verwaltungsgebäude. Phantastische Literatur konnte er nicht ausstehen, außer Jules Verne ließ er nichts gelten. Und nun das! Wer war dieser Typ von der Halde? Dem Äußeren nach ein Saufbruder. Wenn doch bald Abend wäre...

Der Werkhof lag nach wie vor leer da, selbst die Fahrer hatten sich irgendwohin verkrümelt. Umnow ließ sich auf den Betonstufen am Eingang der Verwaltung nieder und wartete.

Was mag mir heute noch alles bevorstehen, dachte er. Die Vorzeige-Poliklinik mit sicherlich hundertprozentigen Heilerfolgen, von Durchfall und Schnupfen bis zu Krebs und Aids. Dann das Stadion. Härte dich ab wie Stahl. Alle werden dort hart wie Kruppstahl sein... Nein, kommt nicht in Frage, ich fahre nirgendwo mehr hin. Ich mache ihnen einen Strich durchs Programm...

Die Tür klappte, aus dem Verwaltungsgebäude quoll eine Menschenmenge.

«Prost Mahlzeit, da also hat er sich versteckt!» Hinter dem Rücken von Umnow, an dem die Leute vorbeiströmten, ertönte Larissas heitere Stimme.

Umnow erhob sich.

«Es war mir dort drin zu stickig. Und zu langweilig. Wie ist es denn ausgegangen?»

«Einstimmig gewählt», verkündete Larissa feierlich. Wieder wußte Umnow nicht, ob sie das ernst meinte oder sich lustig machte. «Alle Kandidaten wurden einstimmig bestätigt.»

«Hast du etwa daran gezweifelt?» fragte Umnow provozierend.

Doch Larissa ging nicht darauf ein.

«Zweifeln heißt denken», sagte sie lachend. «Und weißt du, woran ich denke, Andrjuscha? An eine gute Gemüsesuppe. Und du?»

«Das ließe sich hören.»

«Dann sollten wir uns beeilen. Wir haben noch viel vor.»

Zuerst das Essen, dann die Wahrheit, beschloß Umnow. Ich werde mir und ihr nicht das Mittagsmahl verderben, das weitere Programm nach dem Essen jedoch ablehnen.

Doch dazu kam es nicht. Kaum hatten sie sich ins Auto gesetzt, surrte das Telefon. Der finstere Fahrer nahm den Hörer behutsam mit zwei Fingern ab, lauschte schweigend und reichte ihn dann Umnow weiter.

«Ich grüße Sie, Andrej Nikolajewitsch», plärrte unter Störungsgeräuschen Wassil Denissytsch. «Fahren Sie zum Mittagessen?»

«Erraten.»

«Ich rate nicht, ich weiß es... Was sagen Sie zur Wahl?»

«Ein verlogenes Theater, eine einzige Farce. Wozu war sie überhaupt nötig? Hätten Sie doch einfach die alten Funktionäre auf ihren Posten gelassen.»

«Wie schlecht Sie von den Menschen denken, Genosse Umnow.» Wassil Denissytschs Stimme bekam einen metallischen Klang. «Wir haben die Leute befragt, sie haben die Kandidaten aufgestellt, denen sie vertrauen, die sie achten. In der Stagnationsperiode galt, eine eigene Meinung zu haben, als verwerflich, heute dagegen ist sie ein Eckpfeiler des Sozialismus. Nicht mit ihr zu rechnen bedeutet, den Eckpfeiler unter dem Sozialismus abzusägen.»

«Einen Zahnreißer als Werkdirektor?» fragte Umnow böse. «Wie soll das gutgehen? Jedem, der diese Meinung ernsthaft vertritt, egal wer, müßte man die Hosen runterziehen und ihm eins mit diesem... äh... Mehrlingskinderwagen auf den Hintern geben.»

«Jede Meinung muß man sich zunächst anhören. Anschließend kann man dann erklären, daß der Betreffende unrecht hat. *Erklären*, klar? Dann wird er auch verstehen. Unser Volk ist verständig, das hat es nicht nur einmal bewiesen. Und der Zahnreißer, wie Sie sich auszudrükken beliebten, unsere geschätzte Genossin Rwanzowa, hat von sich aus auf die hohe Ehre, gewählt zu werden, verzichtet.»

«Und wenn sie nicht verzichtet hätte? Wenn man sie

gewählt hätte? Dann wäre wohl auch ihr Führungsstil danach gewesen: Wenn ihr etwas nicht gepaßt hätte, wäre sie mit dem Bohrer losgegangen, oder?»

«Unser Streitgespräch gleitet ins Spekulative ab, Genosse Umnow. Außerdem ist dies nicht der passende Augenblick. Dennoch bin ich bereit, es fortzusetzen. Man muß diskutieren, sozusagen seine Kräfte messen ... Aber strapazieren wir nicht unnötig das Telefon. Geben Sie mir bitte Larissa. Ist sie bei Ihnen?»

«Wo denn sonst?» brummte Umnow und übergab den Hörer seiner Begleiterin.

Sie stürzte sich auf ihn wie auf eine Heilquelle, nur daß ihr nicht Wasser entsprudelte, sondern Anweisungen. Sobald es um die Sache ging, schien ihre Persönlichkeit vollkommen zu erlöschen, kurz: eine echte Tochter der Stadt. Ehrerbietig, blind ergeben.

«Ich höre, Wassil Denissytsch ... ja ... ja ... ja ... nein ... ja ... nein ... klar ... wird gemacht ... ja ... ist bereits geschehen.» Sie reichte den Hörer dem Chauffeur, der die ganze Zeit versteinert dagesessen hatte.

«Gibt es neue Anweisungen?» fragte Umnow.

«Programmänderung», sagte Larissa besorgt und irgendwie verärgert. «Die Poliklinik ist abgesetzt. Die feiern da heute den Jahrestag der Erstürmung der Bastille. Nach dem Mittagessen erwartet uns Wassil Denissytsch. Er hat einen grandiosen Plan.»

«Ich liebe das Grandiose.» Umnow freute sich, daß er das Klinikprogramm nicht abzulehnen brauchte. «Weswegen ist da Quarantäne, teure Freundin? Eure Patienten sind doch nicht etwa alle Nachkommen der Pariser Kommunarden?»

Larissa gab keine Antwort, sie tat, als sei sie mit ihren eigenen hochwichtigen Überlegungen beschäftigt. Nach einigem Schweigen bemerkte sie beiläufig, an den Fahrer gewandt: «Ins Café ‹Freundschaft›», woraufhin sie wieder in Schweigen versank. Irgend etwas schien sie aus dem hurrapatriotischen Gleis geworfen zu haben.

Umnow beobachtete sie eine Weile leicht gerührt, sie tat ihm leid, und er brach das Schweigen: «Die Gemüsesuppe wird hoffentlich nicht abgesetzt?»

Allein diese dümmliche Frage genügte, sie aufzuheitern – sie ließ ihre schneeweißen Zähne in einem Lächeln erstrahlen.

«Das bleibt. Wir speisen in einem Kooperativ-Café», fügte sie in dienstlichem Ton hinzu. «Es genießt große Popularität in unserer Stadt.»

«Wird es von deinen Leuten geführt?»

«Aber nein! Das sind nicht meine Leute, sondern... Du wirst selbst sehen...»

Im Café «Freundschaft» wurden sie bereits erwartet. Zwei schwarzhaarige, schnauzbärtige, kaukasisch aussehende Männer standen an der Tür und machten dem Namen des Cafés allein durch ihr Äußeres alle Ehre. Sie hatten etwas Künstliches an sich, ähnlich wie Larissas «Inoffizielle».

«Seid gegrüßt, Jungs», sagte Larissa. «Ich hoffe, ihr setzt uns was vor. Habt ihr ein Plätzchen für uns?»

«Ihnen zuliebe, Larissotschka, räumen wir das ganze Lokal», erklärte galant der eine Schnauzbärtige mit deutlichem Akzent. «Sie bekommen das Beste vom Besten, und wenn wir selber hungern müssen, nur damit Sie weiterhin so bezaubernd lächeln.»

«Sie brauchen das Lokal nicht zu räumen», sagte Larissa trocken. «Was soll das Scharwenzeln, macht euch lieber mit Andrej Nikolajewitsch aus Moskau bekannt.»

«Giwi», stellte sich der erste Schnauzbärtige vor.

«Gogi», schloß sich der zweite an.

«Darf ich bitten, teure Gäste!» Giwi machte eine feierliche Gebärde. Gogi riß feierlich die Tür auf. Umnow und Larissa schritten feierlich ins Café.

Fehlt bloß noch der Hochzeitsmarsch, dachte Umnow.

«Was wünschen Sie zu speisen?» fragte Giwi, als sie in einer ruhigen Ecke Platz genommen hatten. Gogi war in der Küche verschwunden.

Umnow beschloß, wieder den Flegel hervorzukehren. Doch was heißt Flegel? Er wollte lediglich auf seine Rechte pochen.

«Warum ist das Tischtuch so schmutzig?» fragte er in nörglerischem Ton.

«Entschuldigen Sie», sagte Giwi, «wir schaffen es einfach nicht. Wir sind zuwenig Leute, und die Gäste ... sie bekleckern alles. Die Wäscherei kommt nicht nach ... Sagen Sie uns lieber, was Sie essen möchten.»

«Wechseln Sie zuerst das Tischtuch!» erwiderte Umnow freundlich. «Das ist doch hier ein Kooperativ-Café, unser Geld ist Ihr Gewinn. Bei einem solchen System hat der Kunde immer recht. Wenn Sie ihm aber sagen, daß er unrecht hat, geht er und nimmt sein Geld mit, das heißt, den Gewinn. Ist es nicht so?»

Giwi zog das Tischtuch mit einem Ruck herunter und entblößte die zerkratzte blaue Plastikfläche. Er entschwand in einen Nebenraum, tauchte mit einem sauberen Tuch wieder auf, breitete es aus, glättete die Falten und stellte außer der Essig-und-Öl-Menage noch eine kleine Vase mit einer Rose darauf.

»Gefällt es Ihnen jetzt?»

«Ja. Sauberkeit ist die Hauptsache.»

Larissa hatte den kleinen Konflikt schweigend verfolgt. Umnow kam es so vor, als spielte ein Lächeln um ihre Mundwinkel. Möglich, daß die Situation sie belustigte: Der Kunde drangsaliert den verdammten Privatunternehmer.

«Hör mal, Larissa», Umnow ließ von der Gemüsesuppe ab, die sich als lauwarm und zu scharf gewürzt erwies, «die Burschen gefallen dir wohl nicht, was?»

«Was für ein Unsinn!» schnaubte Larissa, besann sich jedoch sogleich. «Gefallen oder nicht – wichtig allein ist doch, wie der Mensch seine Arbeit verrichtet.»

Sie sah ihm in die Augen, doch er konnte nichts in ihnen lesen. Zwei Brunnen. Was sie am Boden verbargen, blieb unklar. Nein, eher zwei Pistolenläufe als zwei Brunnen. Ich krieg dich schon, du stilles Wasser! dachte Umnow.

Giwi brachte die bestellten Schaschliks. An langen Spießen staken Hammelfleischhappen mit Zwiebelringen. Unbekümmert schniefend streifte Giwi das Fleisch auf die Teller ab.

«Und wo sind die Tomaten?» fragte Umnow streitsüchtig.

«Schaschlik wird mit Tomaten geschmort, oder wissen Sie das nicht?»

«Puh, was für ein Mensch!» Giwi unterbrach für einen Augenblick seine schwere Arbeit. «Erst ist ihm das Tischtuch zu schmutzig, dann vermißt er Tomaten! Man hat uns keine geliefert, Teuerster! Sie verstehen doch Russisch: Nicht geliefert! Kommen Sie morgen wieder. Einstweilen müssen Sie mit diesem Schaschlik vorliebnehmen, das auch so gut schmeckt!» Damit knallte er die beiden Teller auf den Tisch.

Sein Akzent wurde während der Schimpftirade merklich schwächer – oder schien es nur so?

«Nun iß schon, Andrjuscha», flötete Larissa. In ihren unergründlichen blauen Augen bemerkte Umnow lustige Fünkchen. «Es ist zwar etwas zäh, aber man kann's essen.»

Das Schaschlik war in der Tat zäh, dazu noch fett. Auf diese Weise gehen die doch im Handumdrehen pleite, dachte Umnow und sah sich um. Etwa dreißig Tischchen faßte der Raum, und fast alle waren besetzt. Zwischen den Tischen eilten die erschöpften Kellnerinnen wie Weberschiffchen hin und her, beladen mit schweren

Tabletts. Umnow zählte mindestens vier. Dazu noch Giwi und Gogi, und das waren sicherlich noch nicht alle. War das nicht etwas viel für ein Café auf Privatbasis? Machten sie mit noch etwas anderem Gewinn? Beispielsweise mit dem Handel von Tomaten?

«Ich vertrete mir etwas die Beine.» Er erhob sich, ohne Larissas Reaktion abzuwarten, und entfernte sich ohne Eile. Weder Giwi noch Gogi waren zu sehen. Eine Kellnerin tippte auf die Knöpfe eines Taschenrechners. Umnow ging geschäftig vorüber, passierte die hölzerne Sperre zwischen Saal und Küche und verbarg sich hinter einem Mauervorsprung. In der Küche arbeiteten drei Frauen und drei Männer, das heißt, weitere sechs Personen... Von der Küche ging ein kleiner Gang ab, an dessen Ende eine schmale Tür mit der Aufschrift «WC» zu sehen war. Das wäre ein Vorwand, dachte Umnow und steuerte auf die Tür zu. Er kam an einer weiteren Tür mit der Aufschrift «Büro» vorbei. Sie war nicht ganz geschlossen, man hörte Stimmen. Zwei kamen ihm bekannt vor, die dritte hatte er nie gehört, doch eben sie veranlaßte Umnow, sein Detektivspiel fortzusetzen.

«... das kommt mir verdächtig vor», hörte Umnow jemanden sagen.

«Du kannst mich mal», sagte der mit der bekannten Stimme. «Verdächtige doch, wen du willst.»

«Und Wassil Denissytsch kann dich auch mal?»

«Der hätte uns früher warnen sollen.»

«Offenbar konnte er's nicht.»

«Ob er konnte oder nicht – jetzt ist es zu spät», mischte sich der dritte ein. «Die wichtigste Frage ist jetzt: Was weiß er?»

«Vieles! Was folgt daraus?»

«Das soll nicht unsere Sorge sein, Freunde», sagte der Unbekannte. «Wofür bekommt ihr denn euer Geld? Ihr verdient übrigens soviel wie ein Verdienter Schauspieler des Volkes...»

«Ich habe schließlich auch meine Verdienste um das Volk», sagte die erste Stimme gekränkt.

«Na, dann spiel doch deine Hamlets, verdienter Künstler. Für hundertdreißig Rubel monatlich minus Alimente.»

«Laß meine Alimente aus dem Spiel, du Großmaul!»

«Für das ‹Großmaul› kannste eins aufs Maul kriegen.»

«Hört auf, Leute!» mischte sich die zweite bekannte Stimme ein. «Dienst ist Dienst. So ein Job ist nicht schlechter als ein anderer, bloß steht er mir bis hierher, ich kann nicht mehr... Sag mir lieber eins, Popkow: Warum zum Teufel hat man uns in diese Sache reingezogen?»

«Wir brauchten ein Kooperativ-Café.»

«Ein Aushängeschild? Gibt's nicht schon genug davon? Die Stadt ist doch voll von Aushängeschildern.»

«Na, na, mal langsam...»

«Was heißt hier langsam? Mach keinen Terror, Popkow! Und wenn man uns am Ende wieder zur Truppe zurückschickt, na und? Halb so schlimm.»

«Na schön, ihr Rotzkerle, ob das Ganze in die Hose gegangen ist oder nicht, haben wir nicht zu beurteilen. Dafür gibt's klügere Köpfe. Geht, rechnet mit den Gästen ab. Wassil Denissytsch erwartet nachher diesen Angeber aus der Hauptstadt.»

Umnow schoß los in Richtung Toilette, schlüpfte hinein, ließ aber die Tür einen Spaltbreit offen. Er sah durch die Ritze, wie aus dem Büro zuerst ein riesiger Mann in enger Lederjacke und mit quadratischem Nacken herauskam – das mußte Popkow sein –, gefolgt von Giwi und Gogi... Umnow war so perplex, daß er zunächst zu ergründen vergaß, wo er den Langen schon einmal gesehen hatte.

Giwi und Gogi also... Wo war denn der Akzent auf einmal geblieben? Wo das pseudo-kaukasische Gehabe? Und außerdem: Was bedeutete Job, Truppe, Verdienter

Künstler des Volkes? Ein Gehalt von hundertdreißig? Für wen, für einen Schauspieler? Demnach waren Giwi und Gogi ... Die reinste Fieberphantasie! Giwi und Gogi hatten das Theater aufgegeben und das Café übernommen? Angenommen, es war so. Aber danach sah es nicht aus. Umnow hätte um seinen Kopf wetten mögen, daß dies kein Kooperativ-Café war. Er kannte solche kleinen, gemütlichen Privatcafés, wo man wie ein Freund empfangen wird, wo man schmackhaft und reichlich zu essen bekam, rasch und höflich bedient wurde, wo selbstverständlich auch die Tischtücher sauber waren! Dort arbeiteten drei, höchstens vier Personen, und wenn es hoch kam, hatte jeder nicht mehr als dreihundert Rubel netto. Im Monat. Bei höllisch viel Arbeit ... Und hier? Hier gab es ein festes Gehalt wie in jeder gewöhnlichen staatlichen Kneipe. Das Essen war entsprechend mies ... Nein, wenn sie schon vom Theater waren, so hatten sie hier auch eine Rolle zu spielen. Zu welchem Zweck nur?!

Mit diesem stummen Aufschrei schlich Umnow wieder den Korridor entlang, an der Küche vorüber, atmete einmal tief durch und betrat betont gelassen den Speisesaal. Neben ihrem Tischchen stand Giwi und blickte verstört um sich. Larissa saß mit einem rätselhaften Lächeln da wie eine Sphinx.

Giwi bemerkte Umnow und rief ihm erfreut zu: «Wo treiben Sie sich nur herum, mein Lieber? Weshalb lassen Sie ein so schönes Mädchen allein?» Der Akzent war wieder da, als ob er ihn nie abgelegt hätte.

Umnow trat an den Tisch und nahm aus Giwis Händen die Rechnung entgegen.

«Gehen wir, Larissa. Danke für die Bewirtung, Jungs. Seht zu, daß ihr's nicht übertreibt, sonst geht ihr am Ende noch baden.»

Ohne eine Antwort abzuwarten, begab er sich zum Ausgang.

Diesmal wurde Umnow sich selbst untreu und setzte sich auf den Rücksitz zu Larissa. Nach dem Essen bei den Pseudo-Grusiniern verspürte er eine unverhohlene Sympathie für sie. Interessant, wie sie sich im Café verhalten hatte, Langeweile kam bei ihr nicht auf. Sie hatte das gewisse Etwas, diese rechtgläubige Komsomolzin.

«Wir fahren zu Wassil Denissytsch», sagte sie zu seiner Information.

«Meinetwegen», antwortete Umnow und blickte zum Fahrer.

Er sah ihn jetzt erstmals von hinten – na klar, das war der Mann, der mit Giwi und Gogi im Büro des Cafés gesprochen hatte! In der Rolle des Chauffeurs! Waren hier denn alle vom Theater, alle kleine Hamlets? Wer war dann Larissa? Eine Ophelia? Wäre schade um sie – sie würde ein trauriges Ende nehmen...

Umnow verspürte den brennenden Wunsch, den Chauffeur mit seinem Namen anzureden, doch er beherrschte sich, es wäre verfrüht gewesen. Vor einer Stunde noch hätte er es getan, nur um ihn zu provozieren, um eine Situation heraufzubeschwören, die diesen Herrn irritierte. Jetzt aber beschloß er abzuwarten, seinen Übermut zu bremsen, um danach gezielt vorzugehen.

Das Gebäude mit der roten Fahne am Marktplatz erwies sich als die Machtzentrale der Stadt. Der Milizionär am Eingang studierte mißtrauisch Umnows Journalistenausweis, verglich ein ums andere Mal das Foto mit dem Original und gab dann das Dokument zurück.

«Sie können gehen.» Er seufzte, möglicherweise aus Enttäuschung darüber, daß alles seine Richtigkeit hatte.

Wassil Denissytschs Arbeitszimmer befand sich in der vierten Etage ganz am Ende des Korridors. Es mußte sich um ein Arbeitszimmer von ungeheuren Ausmaßen handeln. Ein großes Schiff benötigt ein großes Dock, dachte Umnow und stellte sich Wassil Denissytsch auf großer Fahrt vor. Doch wozu sollte der wohl Krasnokiteschsk verlassen? Hier war er Gottvater, Gottes Sohn und Heiliger Geist in einem.

Die Sekretärin im Empfangszimmer, dieselbe Dame, die auf dem Bankett das Maiglöckchen-Lied gesungen hatte, erhob sich hinter einem Riesenschreibtisch mit einem guten Dutzend Telefonapparaten darauf.

«Sie sind spät dran, Genossen. Man sitzt bereits seit drei Minuten.»

«Wir werden ganz leise sein», sagte Larissa schuldbewußt.

Sie öffnete die Eichentür und schlüpfte ins Allerheiligste. Umnow folgte ihr. Wassil Denissytsch, der an der Stirnseite eines etwa zehn Meter langen Tisches stand, bemerkte die Zuspätgekommenen sogleich und rief aus:

«Da ist ja auch unser Gast. Einige von euch kennen ihn bereits. Den übrigen darf ich vorstellen: Andrej Nikolajewitsch Umnow, ein bekannter Journalist mit goldener Feder, sozusagen. Ich empfehle ihn Ihrer Gunst... Nehmen Sie an unserer Sitzung teil, Genosse Umnow. Sie wird für Sie von Interesse sein, und uns kann die Sicht eines Auswärtigen auf unsere provinziellen Nichtigkeiten auch ganz nützlich sein. Einverstanden?»

Umnow nickte zustimmend und schaute sich nach einem freien Plätzchen um. Am Sitzungstisch wäre es peinlich, obgleich Larissa bereits dort Platz genommen hatte, diese Verräterin... Sich an Wassil Denissytschs gigantischem Schreibtisch von den Ausmaßen eines Billardtisches zu setzen, hieße, den Anwesenden – es waren ihrer dreißig – einen Schock zu versetzen. Blieb nur eine Variante: Er ließ sich vor dem Schreibtisch in einem tiefen Besuchersessel nieder, in dem er fast bis zu den Ohren versank.

«Haben Sie's da bequem?» erkundigte sich Wassil Denissytsch liebenswürdig.

«Äußerst», entgegnete Umnow und versank immer tiefer in dem Sessel.

«Dann fahren wir fort.» Wassil Denissytsch wandte sich erneut den Sitzungsteilnehmern zu. «Drei Fragen stehen auf der Tagesordnung. Erstens: Die Probleme von Perestroika und Glasnost in unserer Presse. Eine komplizierte Frage, eine schmerzhafte Angelegenheit. Sie wird, glaube ich, unseren Gast interessieren. Zweitens: Die Wahlen in der Kinderwagenfabrik. Das wird wenig Zeit beanspruchen, denn wie man mir berichtete, steht dort alles zum besten. Ich ersuche die Referenten, sich kurz zu fassen und nur zur Sache zu sprechen. Schwätzer werde ich unweigerlich unterbrechen.» Er setzte sich und stand sogleich wieder auf. «Noch etwas. Bevor ich dem Genossen Katschuriner, dem Chefredakteur der ‹Krasnokiteschsker Prawda› das Wort erteile, möchte ich selbst noch ein paar Worte sagen. Du hast doch nichts dagegen, Iwan Samoilowitsch? Also: Daß unsere Zeitung in der Stadt beliebt ist, kann niemand bestreiten. Es genügt zu sagen, daß die Zahl der Abonnenten die der Einwohner der Stadt übersteigt – vom freien Verkauf will ich gar nicht reden. Das heißt, daß unsere kleine ‹Wahrheit› in jeder Familie und mitunter sogar in mehreren Exemplaren pro Familie abonniert wird. Ein Exemplar für den Großvater, eins für Papa und Mama und ein drittes für die Kleinen. Erfreulich. Doch wir haben uns hier nicht versammelt, um die Redaktion und den Genossen Katschuriner persönlich zu loben, sondern um auf die Mängel hinzuweisen, die es nun einmal gibt. Für immer dahin sind die schweren Zeiten der Stagnation, der Schönfärberei, der Vernebelung der Köpfe durch angebliche oder sogar tatsächliche Erfolge. Der frische Wind der Kritik, der gesunden Selbsteinschätzung weht im Lande. Doch irgendwie wirbelt er die Spalten der ‹Krasnokiteschsker Prawda› nur schwach auf. Woher diese Zaghaftigkeit, Genosse Katschuriner? Erklär es uns, halte mit nichts hinterm Berg...»

Wassil Denissytsch setzte sich nun endgültig, und es

erhob sich ein langer, hagerer Mann mit rötlich-grauem Haar und einer großen Brille mit getöntem Glas. Dies also war der Iwan Samoilowitsch Katschuriner, ein etwa sechzigjähriger, müde wirkender Mann. Er zückte einen Notizblock, blickte kurzsichtig hinein.

«Genossen», begann er mit gedämpfter, etwas heiserer Stimme, «das Redaktions-Kollektiv nimmt aktiv an der Umgestaltung teil, obwohl ich zugeben muß, daß sich dieser gesunde Prozeß bisweilen noch zu langsam vollzieht. Wir leben nicht in der Taiga, lesen die zentralen Zeitungen und Zeitschriften, begreifen, daß andere Zeiten angebrochen sind, aber die Arbeit wird uns unmöglich gemacht, Genossen.» Und auf einmal war es, als bräche ein Geschwür auf – er warf den Notizblock auf den Tisch und beschwerte sich weinerlich, die nüchterne Atmosphäre der Versammlung aufhebend: «Zu wem man auch kommt, überall heißt es: Schreib dies nicht, schreib das nicht, es gibt offiziell keine Mängel. Wenn ich mal etwas Heikles aufgreife, ruft man mich gleich danach mitten in der Nacht an, irgendwelche Rowdies bedrohen mich. Schreib ich etwa über Mißstände bei der Wasserwirtschaft, sperrt man mir das Wasser und ich muß das Badewasser für das Enkelkind auf der Herdplatte heißmachen. Wenn ich dann Kawokin im Wasserwerk anrufe, sagt er zu mir: ‹Du hast doch selber geschrieben, daß es bei uns nicht klappt.› Oder: Da war bei mir ein junger Arbeiterkorrespondent von der Kinderwagenfabrik. Erinnern Sie sich, er hat da einen kleinen Artikel darüber verfaßt, daß man für die Staatliche Kontrollkommission keine Werksangehörigen ernennen darf, weil die ja von ihren Vorgesetzten in vielem abhängig sind, zum Beispiel, wenn es um Urlaubsquartiere oder Kindergartenplätze geht. Wir bringen die Notiz in der Rubrik ‹Der Standpunkt des Arbeiters›. Und wo ist jetzt dieser Korrespondent? Es gibt ihn nicht mehr. Er wurde aus dem Komsomol ausgeschlossen und unter die Hilfsarbeiter gesteckt. Ich rufe Molotschkow an und sage: ‹Edik, wie ist so was möglich, das ist doch inhuman. Ihr rächt euch für eine sachliche Kritik!› Darauf er zu mir: ‹Achte lieber darauf, wen du da druckst! Das ist ein amoralischer Typ, er hat neulich eine junge Formerin verführt!› Wie ich dann erfahren habe, ist die Formerin zweiunddreißig und hat zwei Kinder von verschiedenen Männern ... – Oder der Artikel über den Vorsitzenden der Kolchose ‹Ariel›, da sitzt er übrigens ... Ein wahrer Held, die Planerfüllung ist auf der Höhe, wir haben ihn gelobt. Und er darauf: ‹Was soll das? Willst du mich verdächtig machen? Hättest du mich nicht ein bißchen kritisieren können?› Ich zu ihm: ‹Wofür denn, Wasja?› Er darauf: ‹Hättest du mich gefragt, ich hätte schon was gefunden ...› – Oder das Buch ‹Hohe Ufer› unseres Schriftstellers Sacharow ... Sie selber, Wassil Denissytsch, haben gesagt, es sei ein gutes Buch, man müsse es fördern. Das haben wir gemacht, warum auch nicht. Sie aber rufen uns an und fragen, ob wir denn in dem ganzen Buch keine Mängel entdeckt hätten? Ich sage: ‹Sie selber haben doch ...› Und Sie: ‹Das muß man dialektisch sehen ...› – Oder nehmen Sie unser Theater. Was auch immer aufgeführt wird – es wird ein Reinfall. Ja, wer soll denn da auch spielen, wenn die besten Künstler alle irgendwohin abkommandiert werden? Zu kritisieren tut einem leid. Zu loben gibt es wiederum nichts. So schweigen wir also. Gleich heißt es: Warum kein Wort über das Theater? Schweigen sei auch Politik ... Alles ist Politik, Genossen! Kritisiert man, kriegt man eins auf die Hörner. Lobt man, kriegt man eins auf die Brille. Zweifelt man etwas an, kriegt man eins sonstwohin ...»

«Stop!» Wassil Denissytsch erhob sich, schlug mit der Faust auf den Tisch. «Was soll diese Hysterie, Genosse Katschuriner? Sind Sie ein Kommunist oder eine Zierpuppe? Sie flennen hier herum. Schluß damit! Wir haben Sie angehört, jetzt hören Sie uns an. Ich habe das Gefühl, daß Sie die Kompliziertheit des Augenblicks nicht begreifen. Ich habe das Gefühl, Sie realisieren nicht, daß wir nicht nur von Moskau beobachtet werden, sondern auch aus dem Ausland. Von den Feinden also, die nicht wollen, daß unsere Perestroika den Sieg erringt. Du hast das Buch von Sacharow erwähnt. Stimmt, ein gutes Buch, ich leugne es nicht. Doch gut bedeutet nicht ideal. Ideal, Genosse Katschuriner, können nur bestimmte Gase sein. Und auch das nur im Physiklehrbuch.» Hier schwieg er kurz, um der Runde Gelegenheit zum Lachen zu geben. «Dialektik, Iwan Samoilowitsch, ist eine ernste, schwierige Sache... Na schön, hat jemand Fragen an den Genossen Katschuriner? Bitte, Molotschkow, aber kurz.»

Der Umnow bereits bekannte wiedergewählte Direktor der Mehrlingskinderwagenfabrik erhob sich.

«Warum bringst du die Fakten durcheinander, Iwan Samoilowitsch, mein Lieber», hob er freundlich, ja väterlich an. «Warum führst du die Genossen in die Irre? Schließlich haben wir deine Notiz nicht ignoriert. Wir haben eine öffentliche Versammlung einberufen, die Sache erörtert und zugegeben, daß der Verfasser in vielem recht hat. Ich erinnere mich, daß wir unseren ehemaligen Buchhalter aus der Staatlichen Kontrollkommission entfernt und dafür einen jungen Facharbeiter aufgenommen haben, und zwar von außerhalb. Natürlich nicht wir selber, wir haben uns an eine Instanz gewandt, die uns geholfen hat... Deinem Arbeiterkorrespondenten haben wir offiziell unseren Dank ausgesprochen. Für seine Prinzipienfestigkeit. Und was macht er? Fängt an zu trinken, kommt besoffen zur Arbeit. Die Formerin hat er vielleicht nicht verführt, aber er ist zudringlich geworden, hat sie dumm angequatscht. Dabei ist sie schließlich Mutter, steht über diesen Dingen. Deshalb haben die Komsomolzen eine Strafe über ihn verhängt. Dort sitzt Larissa, sie weiß es...»

Larissa riß sich von dem Zettel los, auf dem sie verbissen etwas kritzelte, sagte trocken: «Wir haben den Beschluß der Komsomolleitung noch nicht bestätigt», und vertiefte sich wieder in ihre Beschäftigung.

«Das ist nicht gut», meinte der Direktor vorwurfsvoll, «ihr müßt operativer sein... Doch das nur nebenbei. Wir vom Werk hätten da einige grundlegende Dinge an der Zeitung auszusetzen. Zu wenig wird von unseren Bestleistungen, von den positiven Richtlinien für die Jugend geschrieben. Man nimmt sich da offensichtlich ein Beispiel an allen möglichen Moskauer Blättern, wo alle von der Kette los zu sein scheinen: Kritik, nichts als Kritik liest man da. Dies ist schlecht, jenes ist mies, überall nur Gauner und Bürokraten. Und wo sind die Ehrlichen alle hin? Wo die Tüchtigen? Nein, so oberflächlich geht das nicht, das ist nicht gut... Andererseits darf man die Kritik natürlich nicht ganz unter den Tisch fallen lassen. In Werk 3 zum Beispiel hat die Staatliche Kontrollkommission anstatt hundert nur neunundneunzig Prozent der Warenproduktion als qualitätsgerecht anerkannt. Schlecht? Ja, schlecht! Warum hat die Zeitung nicht darüber berichtet? Ich frage dich, Iwan Samoilowitsch.»

Katschuriner schrieb eifrig etwas auf seinen Block. Er hielt es mehr für eine rhetorische Frage. Molotschkow erwartete offenbar auch keine Antwort, denn er fuhr fort:

«Ich weiß schon, warum darüber nicht berichtet wurde. Es gibt in der Redaktion Leute, die auch die neunundneunzig Prozent für Schwindel halten. Ist es aber nicht, Genossen Redakteure! In den Kinderwagen dieser Produktionsserie fahren bereits im ganzen Land die Kleinen spazieren, und außerdem auch in der Mongolischen Volksrepublik! Und sie alle sagen uns Dankeschön.»

«Kaum», sagte Larissa.

«Was heißt das?» Molotschkow hob die Stimme, und Wassil Denissytsch blickte Larissa streng an.

«Das werden sie kaum sagen», erläuterte Larissa ruhig. «Sie plärren höchstens ‹ua-ua› – ‹danke schön› wäre zuviel verlangt.»

«Aha», machte Molotschkow erleichtert, und Wassil Denissytsch lachte.

«Prachtmädchen! Hat den Eduard reingelegt... Hör auf mit dem Eigenlob, Eduard. Komm zur Sache.»

«Ich spreche zur Sache», beeilte sich Molotschkow zu versichern, «ich habe nichts gegen Katschuriner, er ist ein alter Hase, hat noch vor dem Krieg studiert. Ich fordere ihn auf, ganz einfach zu uns zu kommen. Wir werden ihn empfangen, ihm alles zeigen, berichten, erklären. Eine Zeitung hat der Sache zu dienen und sie nicht zu behindern. Und wer weiß besser als wir, wie sie uns helfen kann. Soll sie uns fragen... Das ist alles. Danke, Genossen!»

«Wer ist der nächste? Bitte, Semnowski.»

Ein rosiger, bulliger Mann, Vorsitzender der Kolchose «Ariel», sprang auf und haspelte herunter:

«Ja, das mit dem lobhudelnden Artikel über mich stimmt, ich war böse, weil schließlich keiner von uns ohne Fehl und Tadel ist. Wir alle sind eine große Familie, und wenn man über mich schreibt, darf man auch die anderen nicht vergessen. Befragt doch die Leute aus meinem Dorf über meine Fehler. Was wir geschaffen haben, sieht man ja, die Versäumnisse dagegen liegen nicht auf der Hand. Dein Zeitungsmann hat mit mir über vieles gesprochen, aber nicht nach den Mängeln gefragt, dann wurde es gedruckt, und Wassil Denissytsch rief mich an: ‹Was bist du doch rundum für ein positiver Mann! Wenn man aber etwas tiefer gräbt...› Ich sag doch, grabt ruhig! Warum nicht, wehre ich mich etwa dagegen? Ich würde ja dies und das zugeben, Fehler eingestehen, Besserung geloben, ich habe niemanden erpreßt, und überhaupt müßte man von den Problemen in der Kolchose schreiben, es hat viel geregnet, das macht die Ernte schwierig. Die Menschen geben ihr Bestes, doch wo liest man darüber in der Zeitung? Molotschkow hat recht, obgleich Sacharow auch geschwindelt hat, als er schrieb, daß die Bauern nur mit Naturalien, mit Kartoffeln, entlohnt werden. Solche Behauptungen müßte man an die Parteileitung... Ich mache eine Anzeige, soll er sich doch herauswinden...»

«Mal langsam, langsam», unterbrach ihn Wassil Denissytsch, «mach mal einen Punkt. Ratterst ja wie ein Maschinengewehr. Was hast du denn für ein Verhältnis zur Zeitung?»

«Kein schlechtes, wie alle anderen auch. Die Leute machen ihre Arbeit, die Zeitung erscheint jeden Tag. Aber Eduard hat recht: Sie sollen Fragen stellen. Dann stehen wir ihnen Rede und Antwort, wie es sich gehört...»

«Wer noch?» Wassil Denissytsch erhob sich und sah über die Anwesenden hinweg. «Iwan, möchtest du den Genossen antworten?«

Katschuriner hob den Blick von seinem Notizblock auf.

«Ich habe alles notiert, Genossen. Danke für die konstruktive Kritik. Wir werden sie berücksichtigen, alles in der Redaktion besprechen. Auch den Vorschlag des Komsomol werden wir beherzigen, so wie wir immer alles beherzigen.»

«Richtig so», sagte Wassil Denissytsch. «Und beherzige noch eins: Wir haben nicht vor, dich zugrunde zu richten. Wir meinen es gut mit dir, lieben dich auf unsere Weise und wollen dir helfen. Denn was brauchen wir für eine Zeitung? Eine kämpferische! Aber sie soll ihre Patronen nicht umsonst verschießen! Halt dein Pulver trocken, Katschuriner... Kannst ruhig weiterarbeiten, aber Ruhe gönnen darfst du dir nicht... Weiter geht's, Genossen!»

«Zigarettenpause, Wassil Denissytsch!» verlangte einer.

«Schön. Ich räume eine fünfzehnminütige Pause ein.

Könnt draußen rauchen. Sie aber bleiben bitte, Andrej Nikolajewitsch. Solange die ihr Gift inhalieren, wollen wir ein paar Worte wechseln...»

Sie blieben zu zweit im Arbeitszimmer zurück. Umnow verharrte immer noch in der Sesselfalle, eigens gedacht zur Erniedrigung der Besucher. Wassil Denissytsch postierte sich an seinem gigantischen Schreibtisch aus karelischer Birke. Hinter seinem Rücken an der Wand hingen die Porträts aller Führer des Sowjetstaates seit Lenin. Im Unterschied zu Majakowski* empfing Wassil Denissytsch die läuternde Wirkung von allen gleichzeitig, um sozusagen möglichst makellos dazustehen.

«Ich bin ganz Ohr», sagte Umnow.

«Nein, ich bin es», sagte Wassil Denissytsch lächelnd.

«Ich verstehe nicht. Wer wollte denn wen sprechen?»

«Macht keinen Unterschied. Ich nehme an, daß Sie Fragen haben. Stellen Sie sie. Ich werde sie nach Möglichkeit beantworten.»

«Wie weit geht diese Möglichkeit?»

«Das hängt davon ab, ob sie wirklich bereit und willens sind, zu begreifen.»

«Wen soll ich denn begreifen? Sie persönlich? Ihre Maskierten aus dem Café oder aus dem Werk? Und auch alle übrigen Maskierten?»

«Tragen Sie selbst nicht auch eine Maske, Andrej Nikolajewitsch? Zeigen Sie denn immer Ihr wahres Gesicht?»

«Nach Möglichkeit.»

Wassil Denissytsch nickte mitfühlend. «Das ist es eben. Und Möglichkeiten haben wir sehr wenige. Was haben Sie als erfahrener Zeitungsmann denn schon für Möglichkeiten? Null Komma null.»

«Sie lügen!» Wennschon, dennschon – das Gespräch

* Anspielung auf das Gedicht «Gespräch mit dem Genossen Lenin».

versprach offen zu werden. «Auch früher war es möglich, ehrlich zu bleiben. Und heute darf man einfach nicht unehrlich sein.»

«Früher ehrlich? Daß ich nicht lache, Andrej Nikolajewitsch. Sie sind ein junger Mensch, geboren in der Nachkriegszeit, die neue Saat sozusagen. Ich will Ihnen hier nicht von der Stalinzeit erzählen. Erinnern wir uns lieber der jüngsten Vergangenheit, als der Journalist Umnow zu einer Berühmtheit wurde, als man seine Artikel verschlang. Wie auch anders: Er schrieb ja über die Moral, über das ethische Potential der Nation. Ein Rhetoriker! Hat der Rhetoriker aber auch von der Rauschgiftsucht bei uns gewußt? Hat er! Von der Prostitution? Hat er! Von Korruption auf allen Ebenen der Macht, von unten bis ganz oben? Das hat er zumindest geahnt. Hat er gewußt, daß die klassenloseste Gesellschaft der Welt im Begriff war, allmählich zu der Gesellschaft mit dem größten Kastenwesen zu werden? Hat er! Wieso hat er dann nicht darüber geschrieben, wieso hat er es mit seinem flammenden Bürgerzorn nicht entlarvt? Sie werden sagen, man hätte es nicht gedruckt. Stimmt, das hätte man nicht. Doch Sie haben ja erst gar keine Anstalten gemacht, darüber zu schreiben. Da haben Sie die Ehrlichkeit. ‹Ich kann nicht schweigen!› hat einmal ein Klassiker aus tiefster Seele gesagt. Sie aber sind kein Klassiker, Sie haben geschwiegen. Haben sich vor sich selbst gerechtfertigt: Wozu sich abstrampeln, wird ja sowieso nicht gedruckt. Jetzt werden Sie mir sagen, daß es Leute gegeben hat, die trotz allem ... Ja, die gab es. Die sind mit dem Kopf gegen die Wand gerannt. Manchmal haben sie ihn sich dabei eingerannt. Das waren Helden. Namenlose. Zugegeben, viele haben sich mit der Zeit einen Namen gemacht. Postum! Aber doch nicht Sie! Ein Held sind Sie nun mal nicht, Andrej Nikolajewitsch. Sie wollen leben. Sie haben geschickt einen Kompromiß zwischen dem eigenen Gewissen und dem von oben für das ganze Land verordneten Gewissen gesucht. Sie betrachten da die Ikonenwand hinter meinem Rücken. Na, denken Sie doch mal nach, wen von denen da Sie nicht in Ihren Artikeln zitiert haben. Zwei – drei Zitate von den in Ungnade Gefallenen waren gewiß dabei und von allen übrigen sowjetischen Staatsoberhäuptern je nach den Erfordernissen der Zeit. Sie schweigen? Sie verstehen zuzuhören, eine gute Eigenschaft. Glauben Sie nur nicht, daß ich Ihnen das vorwerfe, um Himmels willen, nein! Ich sage Ihnen das alles, weil ich Sie achte. Ich vertraue Ihnen, sehe einen Gleichgesinnten in Ihnen ... Sie brauchen nicht abzuwehren, jawohl, ich halte Sie für einen Gleichgesinnten. Es ist paradox: Sie sehen in mir den Feind und ich in Ihnen den Freund. Deshalb sind Sie auch hier. Ich weiß, welche Frage Sie am meisten bewegt: Warum Sie von hier nicht wieder wegfahren können. Wie kommt es wohl, daß Sie heute morgen immer nur im Kreis herumgefahren sind? Egal, wohin Sie den Wagen auch gelenkt haben – Sie sind immer wieder nach Krasnokiteschsk gelangt, stimmt's? Ich will Ihnen sagen, warum: Weil Krasnokiteschsk *Ihre* Stadt ist. Sie ist in Ihnen, innen drin. Im Hirn, im Herzen. Keine Perestroika kann das ausmerzen. Daher finden Sie auch nicht heraus. Sie werden fragen, ob andere herausfinden. Das kommt leider vor. Wir können sie nicht halten. Was das für Leute sind? Eben jene Helden, zu denen Sie nicht gehören. War es nicht Lermontow, der sagte: ‹Ja, dazumal gab es noch Recken ...› Und weiter: ‹Ein hartes Los ward ihnen allen. Und wen'ge sah man heimwärts wallen.›*

Ach wie wahr, wie lebendig! Das heißt, die Zeiten überdauern! Das gilt für Jahrhunderte. Es kommt Ihnen nur so vor, daß es keine Wand mehr gibt, an der man sich den Kopf einrennt. Es gibt sie, mein teurer Freund, nur ist sie nicht mehr aus Beton, sondern aus Gummi! Sie

* Aus dem Gedicht «Borodino»

rennen dagegen an – und sie gibt nach. Dadurch kommt bei Ihnen und Leuten wie Ihnen das naiv-romantische Gefühl auf, es gäbe keine Hindernisse mehr! Der Weg ist frei! Alles ist erlaubt! Alles? Pustekuchen! Gummi hat die Eigenschaft, bis zu einer bestimmten Grenze der Belastbarkeit nachzugeben. Die Grenze ist einstweilen noch weit, rennt ruhig mit der Stirn dagegen, dehnt die Wand. Aber irgendwann einmal ist die Grenze erreicht, und dann beneide ich diejenigen nicht, die ihre Stirn hingehalten haben ... Wie da der Gummi zurückschnellen wird und alle hinwegfegt, die seine Elastizität ausprobierten! Eine schreckliche Vorstellung, nicht wahr? Sogar mir altem Wolf graust es davor ... Doch Angst hin, Angst her, das Leben geht weiter. Mögen Sie und Ihresgleichen Sturm laufen gegen diese Wand, soviel Sie wollen. Wir spiegeln euch in dem freigewordenen Raum eine Fata Morgana nach der anderen vor.

Ihr wollt Glasnost? Freßt sie doch tonnenweise! Demokratie? Badet euch darin! Ihr entsinnt euch Lenins Neuer Ökonomischer Politik? Dann laßt euch eure Gemüsesuppe schmecken, teure Gäste! Perestroika ist angesagt? Wir sind dienstbereite Menschen, ordnen uns stets unter, denn wir wissen ja mit Sicherheit, daß der Gummi zurückschnellen wird. Mit voller Wucht! Ich lege Ihnen also nahe: Machen Sie kein Affentheater, treten Sie in unsere Reihen ein. Um so mehr, als Sie sie ja gar nicht verlassen haben. Ihr ganzes staatsbürgerliches Pathos ist nichts als eine Fata Morgana ... Und was Ihre Behauptung betrifft, die Zeiten hätten sich geändert, es seien schon viele Hindernisse aus dem Weg geräumt – nun, dies Liedchen wurde schon vor Zeiten gesungen ...» Und er hob mit seinem angenehmen Bariton an: «Nichts hält uns auf, kein Hindernis, wir sind des Sieges uns gewiß.» Er brach ab und fragte herzlich: «Haben Sie begriffen, Andrej Nikolajewitsch?»

Umnow schwieg. Ihm war entsetzlich zumute. Nein,

nicht vor Wassil Denissytsch war ihm bange, sondern vor sich selbst! Was sollte er, Andrej Nikolajewitsch Umnow, Jahrgang vierundvierzig, Russe, Mitglied der Kommunistischen Partei seit zweiundsiebzig, geschieden, politisch geschult, moralisch integer, Hochschulausbildung als Journalist – was sollte er als professioneller Kämpfer für die Zeitungswahrheit dem alten Wolf antworten? Sollte er versuchen, ihn zu überzeugen? Irrsinn ... Mit ihm streiten? Seine verstorbene Mutter hatte mal gesagt: Wenn zwei sich streiten, ist einer immer der Dumme und der andere immer ein Lump. Schweigen? Hatte er in seinem Leben nicht schon zuviel geschwiegen?

«Ich habe begriffen, Wassil Denissytsch», sagte er langsam, als überlege er noch, was er ja auch tat. «Sie haben recht: Ich habe viel von Krasnokiteschsk an mir, sehr viel ... Das alles hat es gegeben: Als ich hätte brüllen mögen, hab ich doch geschwiegen, nur weil die Wahrheit irgend jemandem unbequem erschien, und ich habe mit allen zusammen ‹Hurra› geschrien ... Wie viele Worte habe ich in mir abgetötet ... Ein Held war ich nicht, wirklich nicht. Beneidet habe ich die Helden, das ja. Qualvoll beneidet habe ich sie! Bis zur Schlaflosigkeit. Ich selbst aber war zu schwach ... Es heißt, die Zeit forme die Menschen. Sicherlich ... In Stalins Todesjahr, dreiundfünfzig, war ich neun. Damals, in diesem März, begriff ich noch nicht, daß ein Gott, eine Epoche gestorben war. *Ihre Epoche* ... Meine Familie hatte Glück: Keiner war im Krieg gefallen, keinen hatte Ihre Epoche in den Lagern fertiggemacht. Doch es hat auch keiner eurem Gott gehuldigt. Der Vater hat ein Leben lang als Ingenieur gearbeitet, war nicht mal in der Partei. Die Mutter hat die Kinder erzogen ... Im Jahre sechsundfünfzig war ich erst zwölf, die Materialien des XX. Parteitages las ich erst während des Studiums genau. Das war schon in den sechziger Jahren. Wieder *Ihre* Jahre ... Ich merkte damals nicht, daß es bereits wieder Ihre waren, ich war noch ein Grünschnabel. Ich erinnere mich, ich hatte meine erste Erzählung verfaßt über einen Mann, der aus dem Lager heimkehrt in die Gemeinschaftswohnung, wo hinter der Wand seines Zimmers noch derselbe Mensch wohnt, der ihn siebenundvierzig angezeigt hat. Ich hatte mir das nicht etwa ausgedacht, ich kannte solche Leute selbst... Ich brachte das Manuskript zu einer Redaktion, dann zu einer zweiten, einer dritten. Keiner sagte mir, es sei schlecht geschrieben, alle meinten einstimmig: *Jetzt* solle man doch die Vergangenheit nicht wieder aufwühlen. Man hätte sie verurteilt, und damit basta! Das war meine erste Lektion in Demokratie... Es muß Ihnen seltsam erscheinen, daß ich hier quasi eine Beichte ablege. Aber ich beichte nicht, nein. Schon gar nicht vor Ihnen. Ich versuche zu verstehen, was da in mir ist, daß Sie mich für Ihresgleichen halten. Übrigens kann ich das Kompliment zurückgeben: Sie verstehen ebenfalls gut zuzuhören...

Wo war ich stehengeblieben? Ach ja, bei der Lektion in Demokratie. Seither mußte ich ihrer so viele einstecken, daß ich sie nicht mehr zählen kann. Und jede einzelne überzeugte mich mehr und mehr davon, daß dies nicht nur Ihre Jahre waren, sondern auch meine. Diese Jahre haben mich so zurechtgeschliffen, daß ich Ihnen fast ähnlich wurde... Ein treuer Sohn des Vaterlandes... ein *rechtgläubiger.* Nur eines unterschied mich von Ihnen: eben jener Neid auf die namenlosen Helden, von dem bei Ihnen keine Spur ist. Im Gegenteil: Sie haben sie gehaßt. Ich habe sie beneidet. Ich wollte werden wie sie, ich wollte es unbedingt. Deshalb habe ich in jedem Konflikt einen Kompromiß gesucht, die goldene Mitte. Ein solcher Journalist wurde ich dann auch – ein Journalist der goldenen Mitte und nicht der goldenen Feder.

Sie sagen: Demokratie, Glasnost – freßt sie doch tonnenweise! Aber wir brauchen sie nicht tonnenweise, das würde uns, die wir ausgehungert sind, gar nicht bekommen. Stellen Sie sich vor, in einem Land mit lauter Taubstummen hat man eine Methode entdeckt, Gehör und Sprache zu entwickeln, und nun ist man dabei, dies Verfahren zu erlernen, macht die ersten Experimente. Ich sehe Ihren Einwand schon voraus, alles habe seine Zeit, die Sprache müsse von früher Kindheit an erlernt werden. Einen volljährigen Tarzan kann man nicht zum Demosthenes machen. Ja, wir, ich meine, unsere Generation, wollen keine kunstvollen Redner werden, aber wir wollen wenigstens die verfluchte Stummheit ablegen. Und wir schaffen das! Eben jener Neid treibt uns dazu. Wie Demosthenes sollen unsere Kinder einmal werden, für sie ist jetzt die rechte Zeit, sprechen, denken, sehen zu lernen. Perestroika heißt meiner Meinung nach nicht, sofort ein anderer zu werden. Sofort springen nur die Frösche. Wissen Sie, was Lenin über die Perestroika schrieb? Am schädlichsten ist die Eile... Ja, ich werde kein anderer, ich kann es nicht und ich will es nicht! Wovon ich träume, ist, *Sie* in mir zu töten! Glauben Sie etwa, daß alle in Krasnokiteschsk Krasnokiteschsker sind? Und glauben Sie etwa, daß hier alle aus freien Stücken leben? Sie brauchen bloß die Stadt zu öffnen – ein Drittel würde sofort weggehen, davon bin ich überzeugt! Das zweite Drittel würde hinterherblicken, sich noch einmal nach Ihnen, den Zurückgebliebenen, umwenden und dann ebenfalls aufbrechen.

In der Stadt bleiben würden nur Sie und Ihr Drittel – die ‹überwiegende› Minderheit. Die Mammuts, die dann von selbst austerben.»

«Sind Sie fertig?» fragte Wassil Denissytsch böse.

«Ich könnte noch fortfahren», Umnow lächelte, «doch habe ich keine Lust mehr.»

«Dann sehen Sie mal hierher...»

Unerwartet heftig sprang Wassil Denissytsch auf, lief auf die Wand zu, vor der der Sitzungstisch stand. Umnow hatte schon vorher bemerkt, daß die Wand mit grauen Vorhängen verhüllt war wie in einem Generalstab. Und wie in einem Generalstab kam dahinter eine seltsame, wie von Hand gezeichnete Karte der Sowjetunion über die ganze Wandlänge zum Vorschein. In der Schule nannte man das stumme Karte. Weder Städtenamen noch die Namen von Gebirgen, Flüssen, Seen, Meeren waren darauf verzeichnet. Rote und grüne Farbkleckse, die sich innerhalb der bekannten Umrisse des Landes überschnitten, bedeckten die Fläche. Es war nicht auszumachen, welche Farbe überwog. Instinktiv suchte Umnow den Standort von Moskau auf, stellte fest, daß auch dort Grün und Rot ineinanderliefen, obwohl Grün dominierte . . .

«Was ist das?»

«Ein Staat!» Wassil Denissytschs Stimme tönte wie bei einem Parademarsch. «Die roten Flecken, das sind wir! Grün bezeichnet die Kräfte, die unser Leben behindern. Vorerst läßt sich noch nicht messen – es gibt kein Gerät dafür –, welche Farbe überwiegt . . .»

«Und ich bin also der Zehnmillionste», sagte Umnow nachdenklich. «Würde mich interessieren, wie die neunhundert Millionen neunhundertneunundneunzigtausend neunhundertneunundneunzig Besucher vor mir von Krasnokiteschsk geschieden sind. Als Feinde oder als Bundesgenossen? Sie schweigen? Klar, daß Sie das nicht sagen, es sind *geheime* Daten. Das Volk versteht sie nicht, es ist noch nicht reif genug. Die alte Leier . . . Bloß, bei mir verfängt die Nummer nicht, Wassil Denissytsch. Ich bin *reif genug*. Ich gehöre nicht zu den Ihren! Meine Furcht vor Ihnen hat schon zu lange gewährt, der Haß ist jetzt stärker als die Angst. Nehmen Sie es nicht krumm – ich komme weg von hier und werde nicht schweigen. Jetzt nicht mehr!»

Wassil Denissytsch zog an einer Schnur, die Vorhänge schlossen sich wieder über der phantastischen Karte.

«Überlegen Sie es sich, Andrej Nikolajewitsch», sagte

er einschmeichelnd und drohend zugleich. «Überlegen Sie, was morgen sein kann. Denken Sie an diese Wand.»

«Tu ich. Denken aber auch Sie daran: Wer einmal sprechen gelernt hat, wird kaum je wieder schweigen. Und wer sehen kann, wird kaum mehr eine Fata Morgana für die Wirklichkeit halten. Die Sehweise hat sich verändert.» Damit schritt er, ohne sich zu verabschieden, zur Tür. Dort blieb er noch einmal stehen, wandte sich um und sagte: «Was die Farbe betrifft, so sind Sie im Irrtum, Wassil Denissytsch. Die Roten, das sind wir!»

Er trat ins Vorzimmer hinaus.

Dort drängten sich nervös die Versammlungsteilnehmer, lärmten, sahen nach der Uhr – die Zigarettenpause hatte sich in die Länge gezogen. Wieso wurde einem zugereisten Schreiberling soviel Ehre zuteil?

Larissa stürzte zu ihm: «Na, was ist?»

«Was soll sein?» fragte Umnow zurück. «Dich interessiert wohl, wer wen? Dein Wassil Denissytsch lebt noch, es geht ihm gut. Doch auch ich bin, wie du siehst, noch heil. Die richtigen Kämpfe stehen noch bevor.»

«Was für Kämpfe, Andrjuscha?» Vor Aufregung vergaß sie sogar, daß sie ihn vor den Leuten eigentlich siezen wollte. «Stimmt ihr in irgendeinem Punkt nicht überein?»

«Ja, und zwar, was das Territorium betrifft. Geh zu deiner Sitzung, der Kommandostand ist frei. Ich gehe.»

«Wohin?»

«Einstweilen ins Hotel.»

Er stieß die Tür auf und sah den riesigen ledernen Popkow, der sich ihm in den Weg stellte. An den Türpfosten gelehnt, wirbelte er die Autoschlüssel um den Finger.

«Soll ich Sie fahren?» fragte er dreist.

«Laß ihn durch, Popkow», vernahm Umnow Wassil Denissytschs Stimme. Er hatte sein Arbeitszimmer verlassen. «Andrej Nikolajewitsch will zu Fuß gehen. Soll er ruhig spazierengehen, er hat es ja nicht weit...»

Umnow wollte am liebsten an nichts mehr denken, er fühlte sich unendlich müde, so als hätte er einen Waggon Kohle oder Schotter entladen wie in seiner Jugendzeit, als er sich in den Nächten als Student auf dem Moskauer Güterbahnhof etwas hinzuverdient hatte. Er wollte schlafen und vielleicht vorher noch eine Kleinigkeit zu sich nehmen. Er bog zu einer Imbißhalle ab, nahm sich zwei Becher lauwarmen Kaffee und vier Brötchen. An einem einbeinigen Marmortischchen stehend, blickte er mechanisch kauend zum Fenster hinaus auf den granitenen Lenin, der immer noch auf das Plakat wies, das die weisen Väter von Krasnokiteschsk verfaßt hatten.

Die Idee war ganz richtig: Ihr Ziel ist die Perestroika. Ein anderes gibt es nicht. Alle sind jetzt im Verändern, im Umfärben begriffen, neue Losungen werden verzapft, die Münder sind voll von neuen Worten.

Ja, Lenin...

Seit Jahrzehnten nun schon streckte er den granitenen Arm nach allen möglichen plakatierten, aber totgeborenen Zielen aus.

Er trank den Kaffee, überquerte den Platz, betrat das Hotel. Dort war es kühl und wie ausgestorben, nur eine vom Nichtstun erschlaffte Diensthabende bewachte das an der Tür angebrachte Schild «Keine Zimmer frei». Er nahm von ihr den Schlüssel entgegen, stieg in sein Zimmer nach oben, entkleidete sich und überlegte, ob er unter die Dusche gehen sollte. Wäre natürlich nicht schlecht, unter dem kalten Strahl zu stehen und all das Gehörte, Gesehene von sich abzuspülen. Aber ließ sich denn alles mit Wasser abspülen? Er schlüpfte unter das duftige Luxusbett «Ludwig», zog das Laken über den Kopf und schlief auf der Stelle ein. Bis elf, bis zu der auf der Müllhalde genannten Zeit, konnte er etwas auf Vorrat schlafen, denn wer wußte, was sich nachts noch alles ereignen würde.

Er erwachte schlagartig, als habe ihn jemand aus dem Nichts zurückgeholt. Er setzte sich im Bett auf, sah auf die Leuchtziffern seiner Uhr: drei vor elf. Zeit zum Aufstehen... Wie die Leute von der Halde zu ihm vordringen wollten, war ihm schleierhaft. Er jedenfalls hatte die Bedingung erfüllt und die Bewacher abgeschüttelt. Andererseits, wer weiß, ob nicht der wachsame Popkow mit einer Schlagkugel, einem Funksprechgerät, einer Kalaschnikow und den Schlüsseln für den Wolga durch die Hotelkorridore strich.

Im Stockdunkeln – die Stores waren zugezogen – tastete er nach dem Knopf der Nachttischlampe, knipste und erstarrte: Am Fußende des Bettes saß die altvertraute Gestalt von der Müllhalde, strich sich über den Bart und beobachtete den Erwachten interessiert.

«Wo kommen Sie her?» fragte Umnow naiv.

«Von der Straße», antwortete der Besucher ernst.

«Und wie sind Sie zu mir hereingelangt?»

«Durch die Tür. Sie hatten nicht abgeschlossen, Herr Kollege.»

«Kollege?»

«Wundert Sie das?»

«Sind Sie etwa von der ‹Krasnokiteschsker Prawda›?»

«Dort war ich mal. Katschuriner hat mich rausgeschmissen. Auf Wassil Denissytschs Geheiß. Mein Charakter hat ihm nicht gepaßt.»

«Widerborstig?» Umnow lächelte.

Er hatte seine Ironie wiedergefunden, folglich war er wieder Herr der Lage. Er erhob sich, begann sich anzukleiden.

«Ich tauge nicht zur Schönfärberei.» Der Bärtige lächelte jetzt auch. «Außerdem bin ich zu vertrauensselig. Habe blindlings an die lauteren Absichten der Stadtväter geglaubt, war etwas zu feurig in meinen Argumenten und Formulierungen.»

«Schon gut.»

Umnow zog die Jacke über. «Mir ist ohnehin alles klar. Ich bin bereit. Begeben wir uns anderswohin?»

«Ja, gehen wir.» Der Bärtige erhob sich.

Er führte Umnow über Innenhöfe, in denen das Leben mit einbrechender Dämmerung erloschen zu sein schien. Nur noch die in der Dunkelheit unsichtbaren Kater von Krasnokiteschsk fühlten sich hier wohl, sie mauzten, schrien, stoben unmittelbar vor ihren Füßen auseinander. Der Bärtige fand sich in der völligen Finsternis gut zurecht. Die Stadtväter kämpften offensichtlich gegen die Vergeudung von Strom. Umnow malte sich in seiner Phantasie das Bild eines Belagerungszustandes aus: Mit dicken Dekken verhängte Fenster, Panzersperren auf den schwarzen Straßen, das aufreibende Warten auf feindliche Angriffe. Übrigens war er von der Wahrheit nicht weit entfernt: Die Stadt befand sich tatsächlich im Belagerungszustand...

Nach zehnminütigem Marsch durch die Höfe kamen sie zu eingeschossigen, langgestreckten Bauten, die an Eisenbahndepots erinnerten. Der Bärtige führte Umnow zu der eisernen Tür an der Stirnseite eines dieser Gebäude und klopfte leise dreimal.

«Wer ist da?» wurde hinter der Tür gefragt.

«Mach auf, Uchow», sagte der Bärtige.

«Bist du's, Ilja? Ist er bei dir?»

«Ja.»

Ich hätte mich nicht mit ihm einlassen sollen, dachte Umnow einen Augenblick, doch er rief sich sogleich wieder zur Räson. Schlimmer, als es bereits war, konnte es kaum werden. Es sei denn, man folterte ihn...

Die Tür öffnete sich mit widerlichem Quietschen. Sie traten in den dunklen Windfang, der Bärtige berührte Umnow am Arm.

«Vorsichtig, Stufe!»

Umnow machte einen großen Schritt, verlor das Gleichgewicht. Der geheimnisvolle Uchow stützte ihn von hinten und ließ ihn dann nicht mehr los, führte ihn wie einen Verwundeten. In einer belagerten Stadt ist eben alles anders. Sie betraten einen Saal von ungeheuren Ausmaßen, nein, eher eine Lagerhalle, schwach beleuchtet von nackten Glühbirnen, die an langen Leitungsschnüren hingen. Die ganze Halle war voller Menschen. In angespanntem Schweigen standen sie eng aneinander gedrängt, als fürchteten sie, den Kontakt zu verlieren. Umnow, der sich rasch an das Halbdunkel gewöhnt hatte, erschrak vor der Menschenmenge. Er unterschied nur die vor ihm Stehenden, die anderen verloren sich in der Ferne – so wirkte es jedenfalls.

Umnow hätte die Menge genauer in Augenschein nehmen können, doch er unterdrückte diesen Wunsch in sich, weil er eine Gefahr witterte. Woran lag das? In der ersten Reihe erblickte er zu seiner Überraschung Larissa – zwischen einem Bodybuilder-Typ mit karierten Hosen und einem blauhaarigen Punk. Sie war eine andere als am Tage: in Jeans und T-Shirt, die Haare zu einem Pferdeschwanz gebunden. Sie schwieg wie alle anderen auch und musterte Umnow, ohne zu lächeln, und so, als erwarte sie etwas von ihm.

«Wer sind diese Leute?» fragte Umnow.

«Eine inoffizielle Vereinigung von Menschen, denen – wie soll ich es ausdrücken? – denen die Lage in Krasnokiteschsk nicht gefällt.»

«Ach nein – sie gefällt euch also nicht», sagte Umnow und wunderte sich selbst über den Sarkasmus in seiner Stimme. «Und wie wollt ihr sie ändern? Mit Flugblättern? Mit mündlicher Agitation? Durch Terrorakte? Einen bewaffneten Aufstand?»

«So kommen wir nicht weiter.» Ilja lächelte milde. «Entweder Sie nehmen uns ernst – oder auf Wiedersehen.»

Wäre gar nicht so übel, dachte Umnow. Auf Wiedersehen sagen oder besser noch adieu, dann kehrtmachen und in die Nacht entschwinden... Aber wohin? In das gepriesene Wirtshaus «Kitesch»? In die erdrückenden Umarmungen des herzensguten Neuerers Wassil Denissytsch? Um nichts in der Welt!

«Na schön, ich nehme Sie ernst. Antworten Sie aber auch ernsthaft. Ohne dieses ‹Wie soll ich mich ausdrükken›-Gehabe.»

«Wie wir die Lage ändern wollen? Sehr einfach. Durch *Arbeit.*»

«Geht's nicht etwas genauer?»

«Genauer geht's nicht: durch gewöhnliche Arbeit. Jeder an seinem Platz... Ich gebe scheinbar Binsenwahrheiten von mir, pardon, aber auch Binsenwahrheiten sind Wahrheiten...»

«Ist das eine neue Form des Kampfes?»

«Nein, keine neue. Nur eine bei uns völlig in Vergessenheit geratene. Und für die Gegner eine tödliche.»

«Wieso tödliche?»

«Weil die *Arbeit* sie nie beschäftigt hat. Wozu auch? Viel wichtiger war das *Wort*! Worte über die Arbeit. Einfach arbeiten ist uninteressant und aufreibend. Für seine Arbeit kann man auch eins auf die Mütze kriegen. Für einen schönen Rechenschaftsbericht dagegen, eine optimistische Berichterstattung – ja dafür kann man Posten, Orden, Ehrenzeichen bekommen. Wissen Sie das nicht selbst?»

Und ob, dachte Umnow bitter. Und wie ich das weiß! Um wieviel einfacher ist es, einen Plan aufzustellen, als ihn zu erfüllen. Um wieviel angenehmer ist es, einen Orden herbeizureden, als ihn zu verdienen... Das Wort ist viel weniger riskant als die Sache. Für ein Wort bekommt man keine Schläge, wird einem der Sessel nicht unterm Hintern weggezogen, man wird höchstens auf einen anderen versetzt. Schläge bekommt man für seine

Arbeit. «Aber wie kann die gute Arbeit aller für einen einzelnen tödlich sein?»

«Haben Sie Wassil Denissytsch im Auge? Ja, wenn er es nur allein wäre! Solche Leute sind Legion! Nicht nur auf den Präsidiumssesseln, auch an den Werkbänken, an Zeichenbrettern, am Steuer, auf der Schulbank. Überall ... Wir sind es nicht mehr gewohnt, anständig zu arbeiten. Man hat uns die Lust dazu ausgetrieben.»

«Stimmt! Und wie viele gibt es bei euch, die das begreifen? Hundert? Fünfhundert? Tausend? Angenommen, ihr arbeitet gewissenhaft – weckt ihr damit auch das Gewissen bei den übrigen? Schwer zu glauben, Genosse Uchow.»

«Am Anfang waren wir hundert. Dann fünfhundert. Dann tausend. Dann ...» Er sah auf die Menge, die sich im Halbdunkel verlor, und es schien, als habe die Lagerhalle kein Ende. Wie bei den Phantasten – der Übergang zur vierten Dimension ... «Die ‹übrigen› wird es eines Tages nicht mehr geben, Andrej Nikolajewitsch. Sie sterben aus. Wie die Mammuts.»

Das sind ja meine Worte, dachte Umnow. Genau das habe ich zu Wassil Denissytsch gesagt. Also denke ich doch genauso.

«Na gut.» Umnow ergab sich. «Mag es so sein. Immer mehr werden gewissenhaft arbeiten, euerm Beispiel folgen, und die, die partout nicht wollen, sterben schließlich aus. Die Stadtväter aber werden wieder auf dem hohen Roß sitzen. Ihre Parade-Rechenschaftsberichte sind auf einmal – ach herrje – wirklichkeitsbezogen! Ihre Reden realistisch. Ihre Orden verdient. Ist es so?»

«Wer macht denn um die Arbeit so ein Geschrei?» Ilja schmunzelte. «Arbeit ist eine schweigsame Angelegenheit. Sie fürchtet Worte. Die Stadtväter aber können nichts anderes als Worte machen. Wer braucht sie noch, die Totgeborenen?» Unvermittelt verlegen, fügte er hinzu: «Entschuldigen Sie das Pathos, doch das Thema ist allzu...»

Er verstummte.

Auch Umnow schwieg, verdaute das Gehörte.

Die Menschen, die gekommen waren, Umnow zu sehen, waren ebenfalls still. Nur um ihn zu sehen? Tausend, zweitausend, dreitausend – allein seinetwegen? Es war wohl so. Im Krieg ist jeder Verbündete wichtig.

Übrigens hatte auch Wassil Denissytsch von ihm ein *Bündnis* gefordert...

«Aber was soll ich tun?» fragte er ratlos. «Mich der Macht stellen! Nach Krasnokiteschsk übersiedeln? Meine Dienste diesem Katschuriner anbieten?»

«Ich bitte Sie, Andrej Nikolajewitsch, Sie widersprechen sich ja selbst. Wer behauptet denn, es gäbe kein Krasnokiteschsk, bloß weil es auf der Landkarte nicht verzeichnet ist? Es ist nicht verzeichnet, das stimmt, und die Karte irrt nicht. Doch Sie haben auch die andere Karte gesehen – im Arbeitszimmer von Wassil Denissytsch. Ist Ihnen dabei nicht unheimlich geworden? Nun also. Nehmen Sie die Beine unter den Arm, setzen Sie sich in Ihren Schiguli, und nichts wie weg von hier! Sie haben schließlich *Ihren* Platz. Arbeiten Sie dort, nur denken Sie daran: Wir sind viele, und wir werden mehr. Wenn Sie nach einem Jahr, nach fünf, nach zehn Jahren wieder mal auf unserer Straße entlangkommen und kein Krasnokiteschsk ausgeschildert sehen, dann wissen Sie, daß wir gesiegt haben. Demzufolge auch Sie...» Ilja faßte Umnow unter. «Das wär's, Andrej Nikolajewitsch. Es ist Zeit.»

«Zeit wofür?» Umnow regte sich auf. «Larissa, und was ist mit dir?»

An ihrer Stelle antwortete wieder Ilja: «Larissa hat ebenfalls *ihre* Arbeit.»

Er zog Umnow zum Ausgang. Der schweigsame Uchow stapfte hinter ihnen her, war dem hauptstädtischen Gast behilflich. Und auch Larissa folgte.

Sie durchschritten den dunklen Windfang, gelangten an die frische Luft.

Vor der Tür stand Umnows vertrauter Schiguli und brummte gleichmäßig leise, auf dem Rücksitz lag die Adidas-Tasche.

Umnow setzte sich hastig ins Auto, da fiel ihm ein: «Aber da ist doch diese Ringstraße! Ich komm doch nicht raus.»

«Jetzt ja», sagte Ilja bestimmt.

Larissa beugte sich vor und gab Umnow einen zärtlichen Kuß auf die Wange. «Leb wohl, Andrjuscha...»

Umnow klappte langsam den Schlag zu, so als zweifle er noch immer. Er trat die Kupplung, legte den Gang ein, fuhr langsam an. Im Scheinwerferlicht tauchte jemand auf, wies mit der Hand: hier entlang, nach rechts. Er bog nach rechts ein und kam sofort auf der bekannten Straße heraus. Da war der Feinkostladen, da das Kaufhaus, da das Café «Freundschaft». Also geradeaus... Er raste los, trieb die Tachonadel auf hundertzwanzig – nur weg! Er dachte an nichts mehr, war nur noch von dem Gedanken besessen, keine Zeit zu verlieren.

Er flog an den augenlosen nächtlichen Gehöften vorbei, an dichtem schwarzem Wald, erklomm eine Anhöhe, gab noch mehr Gas. Vor ihm lag die Fernstraße! Plötzlich zwang ihn etwas, scharf aufs Pedal zu treten. Die Bremsbacken kreischten widerlich auf, blockierten die Räder – das Auto stand.

Umnow trat auf die leere Chaussee, wandte sich um. In der Dunkelheit zeichnete sich die bekannte Silhouette der Betonstele mit dem stolzen Namen der Stadt ab. Sie lag nun hinter ihm.

Ilja hatte nicht gelogen: Umnow hatte es geschafft, die Stadt zu verlassen!

Er stand da und blickte auf die dunkle Stadt, die ohne einen einzigen Lichtpunkt dalag. Plötzlich durchschnitt ein rhythmisches Brüllen die Stille. Es kam näher, wurde lauter, aufdringlicher, und da schälte sich aus der Kurve auch schon ein Motorrad heraus, erfaßte ihn mit dem starken Scheinwerfer, bremste scharf neben ihm. Der Wegelagerer-Hauptmann der Verkehrsmiliz, der ihn vor wohl hundert Jahren an der Stadtgrenze empfangen hatte, lächelte höflich, blitzte mit der teuren Goldkrone, stellte den Motor aber nicht ab.

«Sie fahren weg, Genosse Umnow?» fragte er einschmeichelnd. «Dann mit Gott!» Er streckte Umnow ein Papierröllchen hin, umwickelt mit einem Gummi. «Von Wassil Denissytsch, ich soll Ihnen das übergeben ...»

Umnow riß den Gummi herunter, entrollte das Papier. Im grellen Scheinwerferlicht des Motorrades erkannte er die bewußte Karte, richtiger gesagt, eine schwarz-weiße Kopie des Originals.

«Wassil Denissytsch meinte, sie werde Ihnen von Nutzen sein.»

Umnow rollte die Karte akkurat zusammen und antwortete: «Das wird sie.»

Der Hauptmann machte eine Ehrenbezeigung, gab Gas, rief zum Abschied: «Was soll ich Wassil Denissytsch bestellen?»

«Bestellen Sie ihm», schrie Umnow zurück, «die Roten, das sind wir!»

# Nachwort

Das hat es in der Geschichte der Sowjetunion noch nicht gegeben, daß Satiriker – wenn auch nur im Scherz, wie es ihnen zukommt – befürchten, der Tagesjournalismus könne sie brotlos machen, weil er erstmals Gesellschaftskritisches und überhaupt Kritikwürdiges mit einer nahezu grenzenlosen Offenheit darlegt und der Satire somit den Wind aus den Segeln nimmt. Denn dies steht fest: Die Perestroika, die im Februar 1986 mit dem XXVII. Parteitag der KPdSU in Gang gesetzt wurde, hat den Menschen eine Freiheit in Wort und Schrift gebracht, wie es sie annähernd nur in der kurzen Periode der von Lenin nach dem Bürgerkrieg eingeleiteten Neuen Ökonomischen Politik und ebenso ansatzweise unmittelbar nach dem XX. Parteitag gegeben hat.

Die verordnete Glasnost, zu deutsch Öffentlichkeit, Offenheit, Transparenz, schlägt sich auch im Genre der Satire nieder, die nun nicht mehr befürchten muß, mit «Sabotage» gleichgestellt zu werden, weil sie Wundstellen der Gesellschaft aufdeckt und diese damit einem imaginären Feind ausliefert. Die russische Literatur hat es bereits in zaristischen Zeiten zu einer bemerkenswerten Meisterschaft darin gebracht, gesellschaftskritische Ideen in verschlüsselnde Formen zu kleiden. *Podtext* – das heißt das, was zwischen den Zeilen steht – zu lesen beherrscht in der Sowjetunion jeder denkende Leser. Nun aber kann die Literatur auch im Klartext sprechen, Satire muß nicht mehr unbedingt versteckt angebracht werden, und sie wird nicht wie so häufig in vergangenen Zeiten unterdrückt und so lange zurückgehalten, bis sie vielleicht ihre Aktualität eingebüßt hat.

Aktualität ist in der Sowjetunion heute gleichbedeutend mit Perestroika, mit der Umgestaltung der Gesellschaft. Dies ist auch das Thema der vorliegenden Anthologie. Zu Worte kommen neben bekannten und beliebten Humoristen und Satirikern wie Grigori Gorin, Lion Ismailow, dem Autorengespann Nikolai Jelin/Wladimir Kaschajew, Felix Kriwin, Michail Mischin, Michail Sadornow, Michail Schwanetzki und Alexander Sukonzew auch weniger bekannte Autoren. Ihre Feuilletons, Grotesken, Glossen und Erzählungen, entnommen jüngst erschienenen Zeitschriftennummern der *Literaturnaja gaseta*, des *Krokodil*, der *Junost* sowie zwei Anthologien, führen vor, wie der «kleine Mann» auf der Straße die Perestroika erlebt, wie er mit ihr zurechtkommt. Wenn da gezeigt wird, daß er mit den neuen demokratischen Freiheiten im Grunde wenig anzufangen weiß, dann ist dies nicht nur komisch, sondern es läßt auch auf tiefere sozial-psychologische Ursachen schließen und weist auf historische Wurzeln hin.

«Stellen Sie sich vor», heißt es in Sergej Abramows Phantasmagorie *Die Roten sind wir!*, «in einem Land mit lauter Taubstummen hat man eine Methode entdeckt, Gehör und Sprache zu entwickeln, und nun ist man dabei, dies Verfahren zu erlernen, macht die ersten Experimente».

Bekanntlich ist Rußland nie in den Genuß der bürgerlichen demokratischen Freiheiten gekommen, hat also nie damit umzugehen gelernt. «Der pyramidenartige Gesellschaftsbau», schreibt der Schriftsteller Jewgeni Nossow in der *Literaturnaja gaseta*, «mit dem Baldachin der Alleinherrschaft obenauf, von Stalin dem Volk aufgezwungen, ist bis zum XXVII. Parteitag der KPdSU trotz verschiedener Veränderungen und Abwandlungen immer ein stimmloses, luftundurchlässiges, einheitlich gelenktes Staatsgebilde geblieben. Das im Volk verbreitete unterwürfige hierarchische Denken, das angeblich die Gesellschaft zusammenschweißen und auf ein Ziel ausrichten sollte, hat in Wirklichkeit zu Bewegungslosigkeit des Denkens, zu Unentschlossenheit des Handelns, zu Passivität und Gleichgültigkeit geführt. Die Hauptsache war nicht mehr die Arbeit, nicht die Sache, nicht das Handwerk, nicht die Kreativität, nicht die Wissenschaft, sondern die Suche nach der Aufstiegsmöglichkeit zu einem bequemen Leben, nach einem Plätzchen nahe der lumineszierenden, segenspendenden Sonne. An Fehlern und Entstellungen hat sich schließlich so gefährlich viel angehäuft, daß hinter diesem Berg selbst von der Spitze der Macht-Pyramide aus die Perspektive nicht mehr auszumachen war.»

Die Beiträge *Wie stolz das klingt!* von Michail Mischin, *Wo wir nicht sind ...* von Michail Schwanetzki und *Geschickte Hände* von Michail Sadornow ziehen in diesem Sinne eine Bilanz und belegen die Unausweichlichkeit einer Wende. Auf hintergründige Weise tut dies auch Felix Kriwin mit seinen drei Porträt-Karikaturen.

Das Weiterbestehen alter Verhaltensmuster, das gewohnte bedenkenlose Akzeptieren alles dessen, was von oben angeordnet wird, und wenn es noch so absurd ist, demonstrieren Herbert Kemoklidse in *Säet, so werdet ihr ernten* und Boris Bronschtejn in *Mit dem Rücken zur Leinwand*, während Boris Gurejew in *Prinzipientreue* die Verwirrung der Kollektiv-Gemüter vorführt, die beim ungewohnten Umgang mit demokratischen Grundrechten entsteht.

Eine große Gefahr der ganzen Reformbewegung liegt bekanntlich darin, daß auch sie von oben initiiert worden ist, wie bisher alles in der Geschichte der Sowjetunion, und daß die träge gewordenen Massen auch weiterhin auf Impulse von seiten der Führungskräfte warten werden.

Ein beredtes Beispiel dafür ist der Beitrag von Lion Ismailow *Die Betriebsversammlung* – die Menschen empfinden die Umgestaltung nicht als ureigene Sache, die Schlagworte der Perestroika gehen so spurlos an ihnen vorbei wie die totgeborenen Losungen vergangener Jahrzehnte.

Tatsache ist auch, daß sich die Lebensbedingungen trotz eingeleiteter Wirtschaftsreformen kaum gebessert haben. Ein Symptom dafür sind die konstant gebliebenen Schlangen in und vor den Geschäften, die Alexander Gofman zu seinem ironischen, pseudowissenschaftlich begründeten *Lob der Schlange* veranlaßten. In welche vertrackte Situation ein Mann gerät, der Mangelware, nämlich ein Stück Schinken, ergattert hat, berichtet Leonid Trejer in der Geschichte *Das Rätsel des Diplomatenkoffers.* Und was bis vor kurzem keiner für möglich gehalten hätte: Mangelware sind dank der Glasnost nun auch die sowjetischen Presseerzeugnisse geworden. Was das für Folgen hat, schildert derselbe Autor in *Papier und Alkohol.*

Unter den zahlreichen Problemen, die man glaubt, im Zuge der Umgestaltung administrativ lösen zu können, kommt dem Alkoholismus besondere Bedeutung zu. Doch bisher ist das Übel auch durch das persönliche Engagement Gorbatschows, des «Genossen Mineralsekretär», nicht beseitigt worden, es hat nur zu unvorhergesehenen Nebenwirkungen geführt. Lion Ismailow schlägt deshalb in *Eine Joghurtgeschichte* eine erfolgversprechende Heilmethode vor, und auch in anderen Beiträgen wird das Thema angeschnitten.

Eine Art Schilda im heutigen Rußland ist der Schauplatz in den komischen Szenen von Wladislaw Jegorows *Perestroika in Obradowsk.* Diesen zeitgenössischen Schildbürgern und ihren Stadtvätern ist es gelungen, die Perestroika in den Köpfen innerhalb einer Woche zu vollziehen, ja, der für «innere Kultur» zuständige Stadtrat hat es sogar geschafft, sein Gehirn innerhalb von wenigen Minuten umzufunktionieren... Entsprechend grotesk sind die Maßnahmen, die in der Stadt im Zuge der «Perestroikaisierung» getroffen werden.

Den Schlendrian und die Veruntreuung von Staatseigentum spießen Nikolai Jelin und Wladimir Kaschajew in ihrer Gogolschen Geist atmenden Geschichte *Der Stuhl* auf; die unendliche Langmut und Schicksalsergebenheit des Volkes nehmen sie in der doppelbödigen Erzählung *Die Provokation* aufs Korn – doppelbödig deshalb, weil auch die dreisten westlichen Trittbrettfahrer der Perestroika der Lächerlichkeit preisgegeben werden.

Vom schweren Alltag einer älteren Frau, der ans Heroische grenzt, im Gegensatz zu so manchem, was als heroisch aufgeblasen wird, erzählt *Ein Beitrag zur Wissenschaft* von Alexander Sukonzew.

Das Thema «Bürokratie» darf in einer solchen Anthologie natürlich nicht fehlen. Wie man seelenlose Bürokraten, die längst jede Verbindung mit der Wirklichkeit verloren haben und sich hinter Formularen und Anordnungen verschanzen, doch noch für gute Zwecke nutzen kann, offeriert Manuil Semjonow in *Plädoyer für den Bürokratismus.* Und die alltäglichen menschlichen Erniedrigungen, denen ein Bürger durch den selbst in den untersten Ebenen der Gesellschaft geübten Machtmißbrauch ausgesetzt ist, behandelt eine Episode aus dem Dienstleistungssektor, Gennadi Litnewskis *Der Faktor und die Fakten.*

Eine Satire auf das Slawophilentum und auf den russischen Provinzialismus ist der Leserbrief von Vitali Babenko, *Die Reise nach Tschupkino*, in dem die hinterwäldlerischen Zustände in den russischen Dörfern zum Ausdruck kommen.

Eduard Medwedkins Beitrag *Eine folgenreiche Wortmeldung* schildert die Angstpsychose, die der Stalinismus durch seine Schreckensherrschaft in der Vergangenheit in allen Schichten der Bevölkerung auslöste und die noch so manchem tief in den Knochen sitzt.

In der Glosse *Eine schöne Idee* von Alexander Kostjuschkin, die den Band einleitet, wird bereits auf die der Perestroika innewohnenden Gefahren einer bloßen Veräußerlichung der Zielsetzungen hingewiesen.

Dies ist auch das Thema der Erzählung von Sergej Abramow, *Die Roten sind wir!*, die den Abschluß bildet. Hier wird erstmals in einem größeren Prosabeitrag der visionäre Aspekt der Umgestaltung reflektiert. Sergej Abramow wurde vor allem als Jugendbuchautor bekannt. Er verwendet mit Vorliebe phantastische und märchenhafte Elemente, die seinen in der Gegenwart spielenden Geschichten eine surreale Dimension verleihen. Eine unerklärliche «Phantasmagorie» erlebt der Moskauer Journalist Andrej Nikolajewitsch Umnow in Krasnokiteschsk, einer Stadt, die auf keiner Karte verzeichnet ist, jedoch überall sein könnte und aus der es vorerst kein Entrinnen gibt. Auch der berühmte Kater aus Michail Bulgakows Roman *Der Meister und Margarita* (dt. 1968), der zu Abramow weitergewandert ist, gehört in den phantasmagorischen Bereich. Der Journalist erhofft sich von ihm Hilfe, und in der Tat bringt er Umnow auf die Spur derer, die die Erneuerung ernst meinen. Zunächst jedoch gleicht das Bild, das sich ihm vom Zustand der Perestroika bietet, einem Alptraum: Pseudodemokratie der Administration, Pseudowahlen in einer Kinderwagenfabrik, die marschierenden Kohorten Jugendlicher, die Losungen, die Lieder, die Zitate in den Reden – all dies zeugt davon, daß die alten Kräfte nach wie vor an der Macht sind, auch wenn sie sich das Mäntelchen der Perestroika umgehängt haben. Krasnokiteschsk, meint das Stadtoberhaupt, sei keine gewöhnliche Stadt, «ihr Geist dringt in alle Poren, setzt sich in jedem Bewußtsein für ewig fest – ja, er ist unausrottbar und immerwährend wie all das, was wir in den vergangenen wunderbaren Jahren erlebt und in uns angesammelt haben». Dabei verläßt sich das Stadtoberhaupt darauf, daß sich die Pseudorealität, die über Jahrzehnte dem Volk gepredigt und vorgespiegelt wurde, im Bewußtsein der Menschen unverrückbar festgesetzt hat. Er verläßt sich auf die Trägheit der Menschen, die es gewohnt sind, mit Weisungen zu leben, denen jedes eigenständige Denken und Handeln ebenso ausgetrieben wurde wie ihr Selbstbewußtsein. Probleme wie etwa die Konflikte zwischen der älteren Generation und der Jugend mit ihren wie auch immer gearteten Ausbruchsversuchen werden – wie gehabt – als gelöst erklärt. Man müsse eben nur gegenseitiges Verständnis aufbringen.

Die Perestroika in all ihren Erscheinungsformen wird einfach diktiert. Das geht so weit, daß die Verkleidung der Jugendlichen als Rocker, Punks, Heavy-Metal-Fans befohlen wird und als Beweis für die neue Toleranz der Stadtväter gelten soll. Auf dem zu Ehren des Gastes gegebenen Bankett hält man sich scheinbar streng an die Weisung, keine Gelage der Obrigkeit auf Staatskosten mehr zuzulassen. Man bezahlt selbst, und man bedient sich selbst – doch die Speisen, die aufgetischt werden, sind wieder nur den Privilegierten vorbehalten.

Als Umnow Kritik an den pseudodemokratischen Maßnahmen äußert, wird er nach altbewährter Methode als Feind des Fortschritts abgestempelt, den die Dogmatiker wieder einmal für sich gepachtet haben.

Schwer haben es auch die Journalisten von Krasnokiteschsk, die von den Stadtvätern bezichtigt werden, die alten Zustände allzu zaghaft zu entlarven. In der Praxis jedoch stoßen sie nur auf Verbote. Andererseits sind Lobeshymnen wie die auf den Kolchosvorsitzenden nicht mehr zeitgemäß. Sie müssen zumindest eine kleine Kritik enthalten – welche, das bestimmt der «Kritisierte» am besten selbst.

Der Kulminationspunkt der Satire ist das Gespräch

unter vier Augen zwischen Umnow und dem Stadtoberhaupt, bei dem sich auch Umnow Wahrheiten sagen lassen muß, denn wo waren die heute so unerschrockenen Journalisten in den vergangenen Jahrzehnten? Nur wenige hatten es gewagt, der staatlich verordneten Lüge entgegenzutreten.

Umnow findet schließlich Zugang zu einer geheimen Versammlung all derer, die eine echte Umgestaltung beginnen wollen. Nicht Waffen, nicht Flugblätter sollen die Macht des Alten brechen, sondern die «Geheimorganisation der gut Arbeitenden». Wie einst die Mammuts werden eines Tages die Hüter der alten Ordnung aussterben, hoffen Umnow und die Versammelten.

Die Figur des Umnow steht hier stellvertretend für die Intelligenz, die wie kaum eine andere Kraft in der Gesellschaft für die wahre Perestroika eintritt. Sie, die Intelligenz, kann heute nicht mehr einfach beseitigt oder durch andere Gewalt zum Schweigen gebracht werden. Daher die verzweifelten Versuche der Stadtväter von Krasnokiteschsk, Umnow auf ihre Seite zu ziehen. Für Umnow indes gibt es keine Umkehr, denn «wer einmal sprechen gelernt hat, wird kaum je wieder schweigen. Und wer sehen kann, wird kaum mehr eine Fata Morgana für die Wirklichkeit halten.»

Jeder Text dieser ersten Sammlung satirischer Erzählungen aus der UdSSR zum Thema «Perestroika» und «Glasnost», die in deutscher Sprache erscheint, bezeugt den hoffnungsvollen Anfang eines geistigen Klimawechsels und ist zugleich von begründeter Skepsis erfüllt. – Möge der jungen Perestroika-Literatur ein langes Leben beschieden sein!

Elisabeth Pohl

# Quellennachweis

Alexander Kostjuschkin: «Slowostroj» in *Literaturnaja gaseta* 12/1988. – Boris Gurejew: «Delo prinzipa» in *Lit. gas.* 42/1987. – Michail Sadornow: «Umelyje ruki» in *Lit. gas.* 50/1987. – Lion Ismailow: «Sobranije» in *Lit. gas.* 32/1988. – Michail Mischin: «Gordyj swuk» in *Lit. gas.* 20/1988. – Michail Schwanetzki: «Parovos dlja maschinista» in *Lit. gas.* 6/1986. – Herbert Kemoklidse: «Isjum» in *Krokodil* 23/1988. – Alexander Gofman: «Pochwala otscheredi» in *Lit. gas.* 31/1988. – Leonid Trejer: «Limit» in *Lit. gas.* 36/1988. – Lion Ismailow: «Kefirnaja istorija» in *Krokodil* 35/1987. – Gennadi Litnewski: «Faktor i fakty» in *Lit. gas.* 34/1987. – Vitali Babenko: «Puteschestwije» in *Ulybka stolizy*, Verlag Moskowski rabotschi, Moskau 1986. – Nikolai Jelin/Wladimir Kaschajew: «Prowokazija» in *Lit. gas.* 27/1988. – Alexander Sukonzew: «Wklad w nauku» in *Ulybka stolizy*, Verlag Moskowski rabotschi, Moskau 1986. – Eduard Medwedkin: «Dowystupalsja» in *Lit. gas.* 19/1988. – Felix Kriwin: «Ispowedi» in *Lit. gas.* 21/1988. – Manuil Semjonow: «Prirutschenije bjurokratisma» in *Krokodilu 60 let*, Verlag Prawda, Moskau 1983. – Wladislaw Jegorow: «Triptich» in *Ulybka stolizy*, Verlag Moskowski rabotschi, Moskau 1986. – Boris Bronschtejn: «Spinoj k ekranu» in *Lit. gas.* 34/1987. – Leonid Trejer: «Sagadka diplomata» in *Krokodil* 1/1986. – Mark Wilenski: «Schertwa mody» in *Lit. gas.* 17/1987. – Grigori Gorin: «Pismo w redakziju» in *Lit. gas.* 21/1988. – Nikolai Jelin/Wladimir Kaschajew: «Stul is dworza» in *Ulybka stolizy*, Verlag Moskowski rabotschi, Moskau 1986. – Sergej Abramow: «Neformaschki» in *Junost* 1–3/1988.